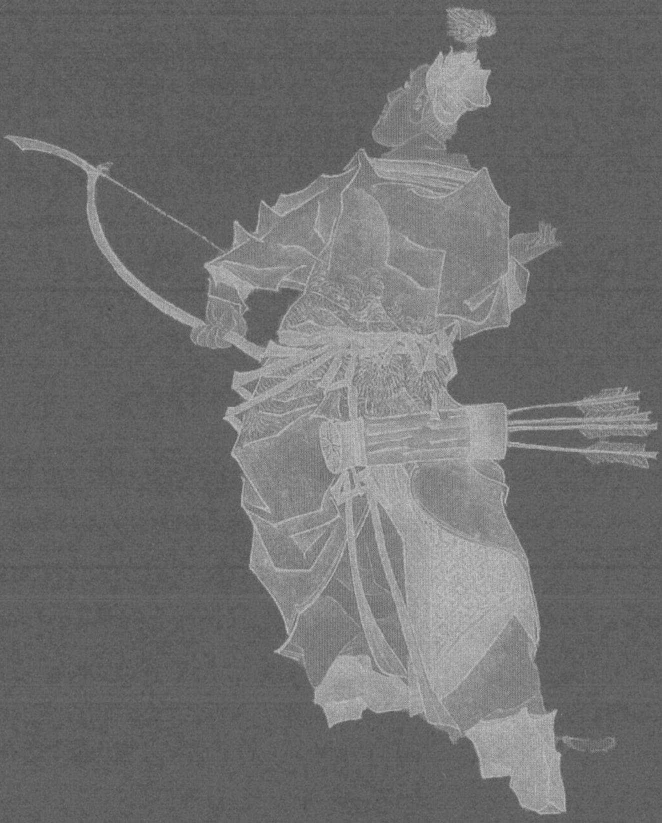

고사성어가 열리는

천자문 나무

팬더 컬렉션 / 엮음

圖書出版 明文堂

머리말

요즈음 우리나라에서는 2천여 년 동안 사용해왔던 한자가 반세기도 채 안 되는 기간에 완전히 외국어가 되어버린 듯한 생각이 든다. 한글 전용정책과 서구학문에 지나치게 경도되어 한학을 공부하는 학문의 맥이 끊어지다시피 한 것이다.

우리말에서 한자어의 비중이 절대적이므로 한자어의 정확한 뜻을 이해하기 위해 한자를 함께 표기하는 건 중요하다. 표준국어대사전에 실린 표제어 약 51만개 가운데 한자어는 58.5%로 한글 고유어(25.5%)의 두 배가 넘는 것이 현실이다.

이제 중국은 그 옛날 대국의 명성을 다시 찾아가며 마침내는 미국 다음가는 경제대국으로 부상하고 있다.

지금껏 우리나라에서는 공공연히 영어의 공용화 주장까지 나오는 판에 제2의 우리글이기도 하였던 한자를 병행해서 사용하지 못할 이유가 무엇인가? 중국이 세계 최대 경제대국이 되는 것도 시간문제인 지금에 와서 조금만 더 관심을 기울여 공부하면 2천 년을 사용해 왔던 한자를 더욱 친숙하고 쉽게 이해할 수 있지 않을까?

한글은 세종대왕께서 창제한 세계에서도 가장 훌륭한 우리글임은 누구나 다 알고 있다. 한글과 한자는 상호보완적인 관계라 할 수 있다. 한글은 음을 표기하는 데 탁월한 기능을 가지고 있고, 한자는 뜻을 나타내는 데 뛰어난 기능이 있으므로 한글과 한자를 나란히 씀으로써 낱말에 대해 다시 한 번 생각하게 하는 여지를 남기고 생각하는 습관을 기르게 한다. 따라서 이 둘을 함께 쓰면 금상첨화(錦上添花)일 것이다.

그런데 참으로 놀랍게도 한자 또한 고대 우리 민족이었던 동이족(東夷族)이 만들었다는 주장이 제기되고 있다.

중국의 일부 유명 학자들까지도 한자라는 뜻글자를 창제한 민족이 동이족임을 밝히고 있다. 주역의 괘(卦)를 만든 복희씨가 동이족이고, 최초의 한자라고 일컬어지는 갑골문자 또한 동이족이 세운 은(殷)나라의 문자이기 때문이다. 또한 낱글자 속에 담긴 상수리(象數理)의 이치에 의해 동이족이 한자를 만들었음을 밝혔다.

어느 영문학자는 "영어를 무분별하게 사용함으로써 한글문화가 천박해졌다는 소리는 들어보았으나, 한자를 사용해서 한글의 수준이 낮아졌다는 얘기는 들어보지 못했다." 고 말하고 있다.

천자문 대서사시(大敍事詩)

《천자문(千字文)》은 흔히 한문을 처음 배우는 사람을 위한 입문서로 알려져 있지만, 그 내용은 단순한 교습서를 넘어 우주와 자연의 섭리, 인간의 도리와 처세의 교훈 등 삼라만상을 함축하여 망라하고 있다.

《천자문》은 중국 남조(南朝) 양(梁)나라 무제 때의 관료인 주흥사(周興嗣, 470?~521)가 글을 짓고 동진(東晉)의 왕희지(王羲之)의 필적 중에서 해당되는 글자를 모아 만들었다고 하며, 사언고시(四言古詩) 250구(句), 합해서 1,000자가 각각 다른 글자로 되어 있다.

황제의 명으로 주흥사가 이 글을 하룻밤 만에 지은 뒤 머리가 하얗게 셌다는 전설과 함께 「백수문(白首文)」이라는 별칭이 있다.

내용은 「천지현황(天地玄黃)」에서 시작하여 「언재호야(焉哉乎也)」로 끝난다. 당나라 이후 급격히 보급되어 많은 서가(書家)에 의하여 써졌으며, 그 중에서도 습자교본으로 가장 유명한 것은, 왕희지의 7대손 지영(智永)이 진서(眞書 : 楷書)와 초서(草書) 두 체로 쓴 《진초천자문(眞草千字文)》 본으로 1109년에 새긴 석각(石刻)이 전하고 있다.

천자문이 한국에 전해진 연대는 확실치 않으나 백제 때 왕인(王仁)이 《논어(論語)》 10권과 함께 이 책 1권을 일본에 전했다는 기록으로 보아 이보다 훨씬 전에 들어온 것으로 추측된다.

우리나라에서 가장 널리 알려진 천자문은 명필 한호(韓濩, 호는 石峯)의 글씨로 1583년 서울에서 간행된 《석봉천자문》이다.

천자문을 배우는 데 있어, 막연히 그냥 외우는 것은 무척 지루할 뿐더러 이해하기도 쉽지 않다. 그래서,

「천자문을 어떻게 하면 재미있고 쉽게 배울 수 있을까?」 하고 생각한 끝에 천자문과 아울러, 교훈 · 경구 · 비유 · 상징어 및 관용구나 속담 등으로 사용되어 일상 언어생활에서의 표현을 풍부하게 해주는 촌철살인의 명언 「고사성어」를 연결해서 공부하면 어떨까 하는 생각에서 《고사성어가 열리는 **천자문 나무**》라는 책을 만들어 보았다.

「천자문 나무」에는 1,000개의 천자문에 가까운 글자 수만큼의 고사성어가 열려 있다. (*글자의 특성상 고사성어가 아닌 단어인 경우도 극히 드물지만 포함되어 있다)

아래 <천자문 나무>는,

「높은 갓을 쓴 벼슬아치들이 황제의 수레를 모시니,
수레바퀴를 구를 때마다 끈과 술이 휘날린다」

고관배련 구곡진영
高官陪輦 驅轂振纓

이렇게 4언고시로 된 천자문 한 자 한 자마다 고사성어가 연계되어 있음으로 해서 이 나무 전체를 머릿속에 기억하는 방식으로 「천자문」과 「고사성어」를 함께 기억할 수 있는 일석이조의 공부 방법인 것이다.

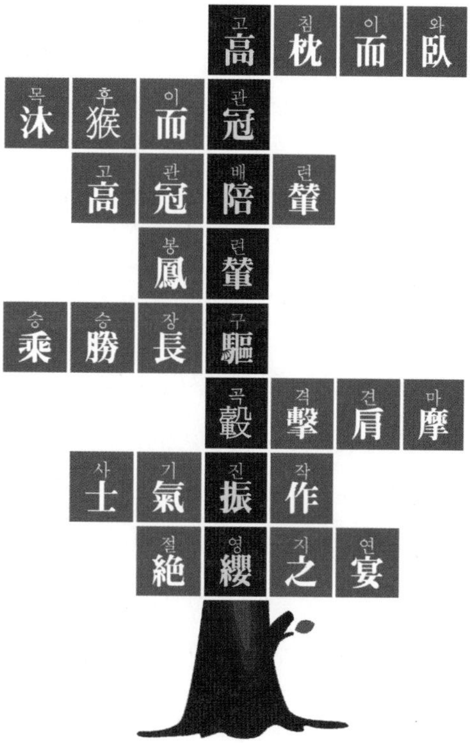

목차

69. 桓公匡合 濟弱扶傾 [환공광합 제약부경] : 환공은 천하를 바로잡아 제후들을 규합하고, 약한 자를 구제하고 기우는 나라를 붙들어 주었다 / 66

{桓公匡合[환공광합] / 烏孫公主[오손공주] / 訥言敏行[눌언민행] / 烏合之衆[오합지중] / 多士濟濟[다사제제] / 弱冠[약관] / 相扶[상부] 相助[상조] / 傾筐倒篋[경광도협]}

70. 綺回漢惠 說感武丁 [기회한혜 설감무정] : 기리계는 한(漢)나라 혜제를 제자리로 돌려놓았고, 부열은 상(商 : 殷)나라 임금 무정을 감동시켰다 / 78

{綺回漢惠[기회한혜] / 起死回生[기사회생] / 門外漢[문외한] / 惠而不費[혜이불비] / 痴人說夢[치인설몽] / 隔世之感[격세지감] / 武陵桃源[무릉도원] / 目不識丁[목불식정]}

71. 俊乂密勿 多士寔寧 [준예밀물 다사식녕] : 재주와 덕이 뛰어난 인재들이 모여 힘써 일하니, 수많은 선비가 있어 나라가 평안하다 / 90

{俊傑[준걸] / 俊乂密勿[준예밀물] / 密雲不雨[밀운불우] / 過則勿憚改[과즉물탄개] / 多岐亡羊[다기망양] / 國士無雙[국사무쌍] / 多士寔寧[다사식녕] / 壽福康寧[수복강녕]}

72. 晉楚更霸 趙魏困橫 [진초경패 조위곤횡] : 진나라, 초나라는 번갈아 패권을 잡았고, 조나라 위나라는 연횡책 탓에 어려움을 겪었다 / 102

{秦晉之好[진진지호] / 肝膽楚越[간담초월] / 解弦更張[해현경장] / 晉楚更霸[진초경패] / 竊符救趙[절부구조] / 圍魏救趙[위위구조] / 禽困覆車[금곤복거] / 橫說竪說[횡설수설]}

73. 假途滅虢 踐土會盟 [가도멸괵 천토회맹] : 길을 빌려 괵나라를 멸망시키고, 천토에서 제후들을 모아 맹세하였다 / 120

{狐假虎威[호가호위] / 日暮途遠[일모도원] / 滅此朝食[멸차조식] / 假途滅虢[가도멸괵] / 踐土會盟[천토회맹] / 土崩瓦解[토붕와해] / 牽強附會[견강부회] / 城下之盟[성하지맹]}

千字文 나무

고관배련 구곡진영

64. 高官陪輦 驅轂振纓 高冠陪辇 驱毂振缨

❶ 고침이와 高枕而臥

❷ 목후이관 沐猴而冠

❸ 고관배련 高冠陪輦

❹ 봉련 鳳輦

❺ 승승장구 乘勝長驅

❻ 곡격견마 轂擊肩摩

❼ 사기진작 士氣振作

❽ 절영지연 絶纓之宴

풀이

❶ 高枕而臥 (고침이와)

高枕而臥 높을 **高** 베개 **枕** 말 이을 **而** 누울 **臥**

베개를 높이 하고 편안히 지낸다는 뜻으로, 근심 없이 편히 잠을 잘 수 있을 만큼 평온한 상태라는 말.

「고침안면(高枕安眠)」이라고도 한다.

《전국책》 위책에 있는 이야기다.

소진동(蘇秦洞, 소진이 귀곡자에게 사사한 동굴)

소진(蘇秦)은 동주(東周)의 낙양(雒陽) 사람으로, 동쪽의 제(齊)나라로 가서 스승을 찾아 귀곡선생(鬼谷先生)에게 학습했다. 또한 장의(張儀)는 위(魏)나라 사람으로, 일찍이 소진과 함께 귀곡선생을 스승으로 모시고 유세술(遊說術)을 배웠는데, 소진은 스스로 장의에 미치지 못한다고 여겼다.

소진은 장의와 더불어 전국시대 중엽 중국 전토를 세 치 혀(舌)와 두 다리를 가지고 뒤흔든 큰 책사이며, 권모술수의 대가이다. 세치 혀의 능변(能辯)과 두 다리로 주름잡고 돌아다닌 나라가 소위 당시의 7국(연・제・조・한・위・초・진)에 걸친 것을 뜻한다.

소진과 장의는 종횡가(縱橫家)로서 유명한데, 소진은 합종책(合縱策), 장의는 연횡책(連衡策)을 주장했다.

합종책이란 한(韓)・위(魏)・조(趙)・연(燕)・제(齊)・초(楚) 여섯 나라

귀곡자

가 동맹하여 진(秦)나라에 대항하는 것이다.

이러한 소진의 합종책을 뒤집어 진나라로 하여금 유리한 위치에 서게 한 사람이 바로 장의였다. 장의의 연횡책이란 여섯 나라가 각각 진나라와 손잡는 것이지만, 실은 진나라에 복종하는 것이었다.

장의는 본래 진나라 혜문왕(惠文王)의 신임을 받았다. 장의는 진나라의 무력을 배경으로 이웃나라를 압박했다. 진나라 혜문왕 10년(BC 328)에는 장의 자신이 진나라 군사를 이끌고 위나라를 침략했다. 그 후 위나라의 재상이 된 장의는 진나라를 위해 위나라 애왕(哀王)에게 합종을 탈퇴하고 연횡에 가담할 것을 권했으나 받아들여지지가 않았다.

그러자 진나라는 본보기로 한나라를 공격하고 8만에 이르는 군사를 죽였다. 이 소식을 전해들은 애왕은 잠을 이루지 못했다. 일이 이렇게 되자, 위의 애왕뿐만 아니라 다른 제후들도 위협을 느껴 불안에 떨었다. 이 기회를 포착한 장의는 애왕에게 말했다.

「위나라는 영토도 좁고, 병사도 적습니다. 그런데 사방으로 초나라와 한나라 같은 강력한 제후들이 핍박하고 있습니다. 위나라는 열국의 통로가 될 가능성이 많습니다. 남은 초, 서는 한, 북은 조, 동은 제와 국경을 이웃해서 그 어떤 나라와 동맹을 맺어도 다른 나라의 원한을 삽니다. 또, 진이 위와 조의 길을 끊고 한나라를 설득해서 위를 공격한다면 어떻게 되겠습니까. 진나라를 섬기는 것이 최상입니다. 만일 진나라를 섬기게 되면 초나라나 한나라가 감히 공격하지 못할 것입니다. 초나라와 한나라로부터의 재앙만 없다면 대왕께서는 베개를 높이 하고 몸을 뉘어 편안히 잘 수가 있을 것이고, 나라에도 근심이 없을 것입니다(然以事秦 則楚韓不敢動 無楚韓之患 則大王高枕而臥安眠 國必無憂矣)」

장 의

여기에다 진의 목적이 초에 있으므로 진과 위가 함께 초를 공격하여 초를 나누어 갖자는 미끼까지 던져 꾀었다. 결국 위나라 애왕은 합종에서 빠져나와 진나라와 우호동맹조약을 맺었다. 장의는 이 일을 시작으로 나머지 다섯 나라를 차례로 설득하여 마침내 주(周)나라 난왕(赧王) 4년(BC 311)에 연횡을 성립시켰다. 그러나 이는 6국을 진에 헌상하려는 장의의 계책에 불과할 뿐이었다.

❷ 沐猴而冠(목후이관) 沐猴而冠 목욕 **沐** 원숭이 **猴** 어조사 **而** 갓 **冠**

원숭이가 관을 썼다는 뜻으로, 의관은 그럴 듯하지만 생각과 행동이 사람답지 못하다는 말.

「목후(沐猴)」는 원숭이를 가리킨다. 원숭이는 얼굴 씻기를 좋아하며, 그 하는 짓이 사람을 닮았기 때문에 「목후」라고 한다.

홍문연 터(遺址)

홍문연(鴻門宴)의 회합으로 유방으로부터 진(秦)의 수도 함양을 넘겨받은 항우는 약탈과 방화를 자행하여 함양을 폐허로 만들었다. 함양이 폐허로 변하자, 금의환향(錦衣還鄕)하여 자기의 성공을 고향에서 뽐내기도 할 겸해서 초(楚)의 팽성(彭城)으로 천도를 서둘렀다.

「부귀한 뒤에 고향에 돌아가지 않는 것은 비단옷을 입고 밤길을 가는 것과 같다(衣錦夜行)」는 생각에서였다.

함양은 주(周)와 진(秦)이 일어났던 패업의 땅으로, 관중(關中)이라고도 불리는 천혜의 요지이다. 그럼에도 항우가 천도를 고집하자, 간의대부(諫議大夫) 한생(韓生)이 이를 간하였다.

「관중은 예로부터 천혜의 요지로 패업의 땅이었고, 토지 또한 비옥합니다. 이곳에 도읍을 정하고 천하의 왕이 되어야 합니다. 지난번 범승상(范丞相 : 범증)이 떠날 때에도 절대 함양을 버리지 말라고 하지 않았습니까?」

하지만 이 말을 들은 항우는 한생의 말을 듣지 않았다. 한생은 크게 탄식하며 물러나서는 혼잣말로 중얼거렸다.

「목욕한 원숭이가 관을 쓴 꼴이군(沐猴而冠)」

그런데 이 말을 그만 항우가 듣고 말았다. 항우가 옆에 있던 진평에게 그 뜻을 묻자, 진평이 대답했다.

「폐하를 비방하는 말이온데, 세 가지 뜻이 있습니다. 원숭이는 관을 써도 사람이 되지 못한다는 것과, 원숭이는 꾸준하지 못해 관을 쓰면 조바심을 낸다는 것, 그리고 원숭이는 사람이 아니므로 만지작거리다가 의관을 찢어버리고 만다는 뜻입니다」

항 우

이 말을 듣고 격분한 항우는 한생을 붙잡아 끓는 가마솥에 던져 죽였다. 한생이 죽으면서 말했다.

「나는 간언하다가 죽게 되었다. 그러나 두고 보아라. 백 일 이내에 한왕(漢王)이 그대를 멸하리라. 역시 초나라 사람들은 원숭이와 같아 관을 씌워도 소용이 없구나」

결국 천도(遷都)를 감행한 항우는 관중을 유방에게 빼앗기고 마침내는 해하(垓下)에서 「사면초가(四面楚歌)」 속에 목숨을 끊고 말았다.

❸ 高冠陪輦(고관배련) 高冠陪輦 높을 **高** 갓 **冠** 모실 **陪** 수레 **輦**

높은 관을 쓴 벼슬아치들이 임금의 수레를 모시다.

《천자문》에 있는 말이다.

「높은 관을 쓴 벼슬아치들이 임금의 수레를 모시니, 수레를 몰 때마다 끈과 술이 휘날린다(高冠陪輦 驅轂振纓)」

큰 권력과 위세를 누린 제후 왕이 행차하는 장면을 묘사한 것이다.

한고조 유방이 죽고 난 후 황제에게 영지(領地)를 분봉 받은 제후 왕들의 권력과 위세는 시간이 흐를수록 드높아만 갔다. 광활한 영토와 막

한경제

강한 재물과 군사력을 갖게 된 제후 왕들이 황제의 위세에 버금가는 행동들을 하기에 이른다.

마침내는 한나라 경제(景帝) 때 황족인 오왕(吳王) 유비가 주동이 되어 다섯 제후 왕들과 함께 오초칠국(吳楚七國) 연합군을 결성하여 황제의 중앙정부에 반란을 일으키기에 이른다. 그러나 결국 3개월 만에 반란은 진압되었다.

제후 왕들은 황제와는 군신(君臣) 관계였지만, 자신의 영지에서는 황제보다 더한 권력과 위세를 누렸던 것이다. 이 구절은 황제에 버금가는 권력과 위세를 누린 제후 왕들의 행차를 묘사한 것이다.

❹ 鳳輦(봉련) 凤辇

봉새 **鳳** 가마 **輦**

꼭대기에 황금의 봉황(鳳凰)을 장식한 임금이 타는 가마.

❺ 乘勝長驅(승승장구) 乘胜长驱

탈 **乘** 이길 **勝** 길 **長** 몰 **驅**

싸움에서 이긴 기세(氣勢)를 타고 계속 적을 몰아침.

❻ 轂擊肩摩 (곡격견마)

轂击肩摩 수레바퀴통 **轂** 칠 **擊** 어깨 **肩** 부딪칠 **摩**

수레바퀴통이 부딪치고 어깨가 스친다는 뜻으로 번화가를 이르는 말. 《전국책(戰國策)》 제책에 있는 말이다.

고도 임치성 복원

수레바퀴통이 서로 부딪치고 사람의 어깨가 스칠 정도로 수레와 사람들의 왕래가 많은 거리의 번화한 모습을 말한다. 견마곡격(肩摩轂擊) 또는 인마낙역(人馬絡繹)이라고도 한다.

전국시대 각 나라의 군주는 권력을 강화해 나갔으며 경제력을 넉넉하게 하고, 군사력을 튼튼히 하여 도시가 크게 번창하였다. 제나라의 도읍이었던 임치(臨淄)는 수십만 명의 인구로 가장 번성하였는데, 임치의 번화한 거리를 표현한 데서 나온 말이다. 수레바퀴가 맞부딪치고 오고 가는 행인들의 어깨가 서로 닿을 만큼 복잡하게 인파가 붐비는 시가(市街)를 말한다.

❼ 士氣振作 (사기진작)

士气振作 선비 **士** 기운 **氣** 떨칠 **振** 지을 **作**

의욕이나 자신감이 충만하여 굽힐 줄 모르는 씩씩한 기세를 떨쳐 일으킴.

❽ 絶纓之宴 (절영지연)

絶纓之宴　끊을 **絶** 갓끈 **纓** 갈 **之** 잔치 **宴**

「갓끈을 끊고 즐기는 연회」라는 뜻으로, 남의 잘못을 관대하게 용서해주거나 어려운 일에서 구해주면 반드시 보답이 따름을 비유하는 말이다. 유향(劉向)이 지은 《설원(說苑)》과 《동주열국지(東周列國志)》 등에 실려 있는 이야기다.

초장왕 출정 조상(彫像)

춘추오패(春秋五霸)의 하나인 초장왕(楚莊王)이 투월초의 난을 평정한 뒤 공을 세운 신하들을 위로하기 위하여 성대하게 잔치를 벌여 군신 간에 한참 거나하게 취해 있을 때, 돌연 촛불이 꺼져 실내가 캄캄해졌다. 이때 한 신하가 왕의 애첩의 귀를 잡고 입을 맞추었다. 애첩은 깜짝 놀라 엉겁결에 그 사람의 갓끈을 잡아 뜯고는 왕에게 말했다.

「지금 어느 자가 첩에게 무례한 짓을 하기에 그 자의 갓끈을 잡아떼었으니 그 자를 잡아내소서」

그러나 장왕은 촛불을 켜지 못하도록 제지하고는 오히려 신하들에게 이렇게 말했다.

「오늘밤은 과인과 함께 마시는 날이니, 갓끈을 끊어버리지 않는 자는 이 자리를 즐기지 않는 것으로 알겠다(今日與寡人飮 不絶冠纓者不歡)」

이에 신하들이 모두 다투어 갓끈을 떼었다. 불을 켜고 보니 모두 갓끈이 떼어져 있는지라 누가 무례한 짓을 한 사람인지 구별할 수가 없었다. 그리고 모두 밤이 새도록 마시고 노래하고 즐겁게 놀았다.

그 후 2년이 지난 뒤 초나라는 진나라와 전쟁이 벌어져 초나라가 위급한 처지에 놓이게 되었다. 이때 어디선지 군사들이 나타나 진나라 군사를 무찔렀다. 초장왕은 너무나 뜻밖의 지원이라 그 군의 장수를 청하여 물은즉, 장수가 대답했다.

「신은 옛날 대왕의 애첩에게 무례한 짓을 한 신하로, 그 때 대왕의 너그러운 관용에 감동하여 그날로 산중에 숨어 군사를 길러 어느 때고 대왕을 위하여 목숨을 바치려 결심하던 중 이번에 대왕의 군사가 불리하다는 소식을 듣고 달려온 것입니다」

초장왕은 장수에게 많은 상을 내렸다.

65. 世祿侈富 車駕肥輕 世禄侈富 车驾肥轻

세록치부 거가비경

❶ 流芳百世 (유방백세)

❷ 天之美祿 (천지미록)

❸ 世祿侈富 (세록치부)

❹ 陶朱之富 (도주지부)

❺ 車水馬龍 (거수마룡)

❻ 駑馬十駕 (노마십가)

❼ 輕裘肥馬 (경구비마)

❽ 問鼎輕重 (문정경중)

풀이

❶ 流芳百世(유방백세) 流芳百世 흐를 **流** 향내 날 **芳** 일백 **百** 세대 **世**

향기가 백세에 흐른다는 뜻으로, 훌륭한 명성이나 공적이 후세에 길이 전함을 비유하는 말이다. 방(芳)은 향기, 꽃다운 나이란 뜻이다.

동진(東晉)의 장군 환온(桓溫)의 고사에서 유래하였다.

환온은 동진 명제(明帝)의 사위로서, 여러 차례에 걸쳐 북방 이민족을 평정하는 데 공을 세워 동진의 실권자가 되었다. 환온은 권력을 장악하자, 마침내는 스스로 황제가 되고자 하는 욕심이 피어나기 시작했다. 환온은 잠자리에 들면서 탄식했다.

「꽃다운 이름을 후세에 전할 수 없다면, 더러운 이름인들 만세에 남길 수 있겠는가(不能流芳後世 不足復遺臭萬載邪)?」

환온대장군

환온은 왕돈의 무덤가를 지나가면서 이렇게 중얼거린 적이 있다. 「본받을 만한 사람이야(可人)!」

왕돈(王敦)은 명문세가 출신으로 동진 원제(元帝 : 사마예) 때 반란을 일으킨 인물이니, 환온의 야심을 엿볼 수 있는 대목이다.

나중에 환온은 제위에 있던 사마혁(司馬奕)을 폐위시켜 동해왕(東海王)으로 삼고, 사마욱(司馬昱)을 간문제(簡文帝)로 옹립하였다. 그리고 스스로 황제가 되려는 야심을 감추지 않았으나 사안(謝安)의 저지로 뜻을 이루지 못하다가 끝내 병사하고 말았다.

한편, 더러운 이름이 후세에 오래도록 남아 있음을 비유하는 「유취만년(遺臭萬年)」이라는 성어도 여기서 유래되었다.

❷ 天之美祿 천지미록 天之美禄 하늘 **天** 갈 **之** 아름다울 **美** 녹봉 **祿**

하늘이 내려준 좋은 녹(祿)의 뜻으로, 술(酒)의 미칭(美稱).

백약지장(百藥之長), 망우지물(忘憂之物)이라고도 해서 애주가들에게는 안성맞춤의 말. 술은 백약의 으뜸이라는 뜻의 「주내백약지장(酒乃百藥之長)」이란 말도 있다. 《한서(漢書)》

❸ 世祿侈富 세록치부 世禄侈富 인간 **世** 녹 **祿** 사치할 **侈** 부자 **富**

대대로 녹을 받아 크게 부유해지다. 《천자문》에 있는 말이다.

「대대로 녹을 받아 크게 부유해지니, 말은 살찌고 수레는 가볍다(世祿侈富 車駕肥輕)」

천자가 타는 가마를 봉련(鳳輦)이라고 한다. 이 봉련에 배종하는 군신과 측근들이 받는 봉록은 많고, 타고 다니는 말은 기름지고 옷은 사치스럽다는 말이다. 곧 천자의 행렬이 장대하고 화려하다는 말이다. 또한 태평하고 부유한 시대라는 것을 보여주는 것이다.

그리고 국가에 공로가 있는 신하에게는 많은 봉록을 주었으며 후손들에게도 봉록과 관직을 하사 했다. 공로자의 후손은 대대로 우대를 받으며 부를 축적하고 가뿐한 수레와 살찐 말을 타고 다니며 부귀영화를 누렸다. 봉록이 최고임을 나타내는 말 중에 「비이천석(比二千石)」, 「중이천석(中二千石)」이라는 말이 있다. 대신이 자신의 봉토나 관할지에서 봉록(俸祿)으로 일 년에 이천 석씩 거두어들인다는 말이다.

봉련(세공)

한대(漢代)의 제도에서, 관계(官階)를 석(石)으로 나타냈는데 이천 석은 최고의 벼슬이고 중이천석은 이에 다음가는 벼슬이다.

세습을 통해 제후 왕과 공신의 자손들이 큰 권력과 부를 쌓고, 고급 수레와 살진 말을 타고 다니는 제후 왕과 공신의 자손들의 과시욕과 위세를 보여주는 말이다. 제후 왕들의 영지(領地) 내에서 행한 무도한 행위에 대해 중앙의 황제 권력도 손을 쓸 수 없었던 것이 당시의 상황이었다.

❹ 陶朱之富 (도주지부)

陶朱之富 질그릇 **陶** 붉을 **朱** 의 **之** 부할 **富**

큰 부(富)를 일컬음. 《사기》 화식열전에 있는 이야기다.

「와신상담(臥薪嘗膽)」 고사에 나오는 월왕 구천은 오(吳)나라의 포로에서 풀려나온 20년 뒤에, 마침내 오나라를 멸하고 남방의 패자가 되었다.

월왕 구천 조상(彫像)

월왕 구천은 자기가 패권을 차지하는데 가장 큰 공을 세운 범려(范蠡)와 문종(文種)을 각각 상장군과 승상으로 임명하였다. 그러나 범려는 구천을 믿을 수는 없는 인물이라 판단하여 월(越)나라를 탈출하였다.

범려는, 월왕 구천이란 사람이 고생은 같이할 수 있어도 낙은 같이할 수 없는 사람이라는 것을 알고 있었기 때문에 보물만을 싣고 월나라를 떠나 바다 건너 멀리 제나라로 갔다.

제(齊)나라에 은거한 범려는 문종을 염려하여 「새 사냥이 끝나면 좋은 활도 감추어지고, 교활한 토끼를 다 잡고 나면 사냥개를 삶아 먹는다(鳥盡弓藏 兎死狗烹)」라는 내용의 편지를 보내 피신하도록 충고하였다. 문종은 월나라를 떠나기를 주저하다가 구천에게 반역의 의심을 받은 끝에 자결(自決)하고 말았다. 이 범려의 편지에서 「토사구팽」 고사가 유래되었다.

나라를 부강하게 만들 수 있었던 범려는, 그의 뛰어난 경제적 두뇌로 축재(蓄財)에 힘쓴 나머지 얼마 안 가서 수천만의 재산을 모았다. 그러자 제나라에서는 그가 비범한 사람인 것을 알고 그를 재상으로 맞아들였다. 이 때 범려는 치이자피(鴟夷子皮)라는 이름으로 행세를 했던 것이다. 그러나 범려는 사양하며 말했다.

「집은 천금의 부를 이루고 벼슬은 재상에 올랐으니 이는 평민으로

서는 극도에 달한 것이다. 오래 높은 이름을 누린다는 것은 상서롭지 못한 일이다」

범 려

범려는 재상의 자리에서 물러나, 있는 재산을 모조리 친구와 고을 사람들에게 나누어 준 다음 값비싼 보물만을 챙겨 가지고는 남몰래 도(陶 : 산동성 도현)란 곳으로 가 숨어 살며 주공(朱公)이란 이름으로 행세를 했다.

범려는 도(陶)란 곳이 천하의 중심에 위치하여, 길이 사방으로 통하고 물자의 유통이 원활한 것을 알고, 재산을 모아 무역에 종사함으로써 남에게 해를 끼치는 일 없이 19년 동안에 세 번이나 천금의 재산을 모을 수가 있었다. 이 중 두 번까지는 모은 재산을 가난한 친구와 먼 친척들에게 다 나누어 주었다. 범려야말로 잘 살게 되면 남에게 덕을 입히기를 좋아하는 사람이었다.

뒤에 그의 나이가 많아지자 모든 일을 자손들에게 맡기게 되었는데, 자손들 역시 그를 닮아 재산을 모으고 불리는 데 남다른 무언가가 있어 억만금의 재산을 모으기에 이르렀다. 그러므로 재산을 부(富)에 대해서 말할 때면 온 세상 사람들이 다 도주공(陶朱公)을 일컫게 되었다.

같은 《사기》 화식열전에 있는 이야기다.

전국시대의 부호인데 목축과 염업(鹽業)으로 왕후(王侯)에 비길 만한 부를 누린 노(魯)나라 의돈(猗頓)이란 사람이 있었다. 원래는 궁사(窮士)였으나 소금과 목축으로 부를 쌓아 의씨(猗氏 : 산서성 안택현)에 살며 왕공(王公)을 능가하는 생활을 했다. 그래서 의돈이라 했다. 이런 까닭

의돈의 묘

으로 세상에서 부를 운운하는 자는 도주공을 말하고, 혹은 의돈의 이름을 말한다. 여기서 부자들을 가리켜 「도의(陶猗)」라 하고, 그 부를 가리켜 「도주의돈의 부(陶朱猗頓之富)」라고 불러 「도주지부」란 성어가 생겨났다.

❺ 車水馬龍 (거수마룡) 車水马龙 수레 **車** 물 **水** 말 **馬** 용 **龍**

수레는 흐르는 물과 같고 말은 하늘로 오르는 용과 같다는 뜻으로, 많은 수레와 말들이 오가며 떠들썩하다는 말. 왕래가 잦음을 나타내는 것으로 사람의 행차가 장관을 이루는 모습을 말한다.

《후한서》 마후기(馬后記)에 있는 이야기다.

한(漢)나라 명제(明帝)의 비인 마후(馬后)는 후한의 장군 마원(馬援)의 딸로서 명제의 아들인 장제 때 황태후가 되었다. 장제는 마후가 낳은 자식이 아니었으나, 황태후를 존중하고 마후의 외삼촌들에게 관직을 주려고 하였는데, 간사한 신하들은 동의했으나 마후는 이를 거부하였다.

마후는 장제에게 말했다.

「친정에 가니 외삼촌들은 호화스러운 생활을 하였고 하인들도 내 마부에 비길 수 없이 화려한 옷차림이었습니다. 집에 찾아오는 손님은 얼마나 많은지 『수레는 물 흐르는 듯하였으며 말은 용이 헤엄치는 것과 같았습니다(車如流水馬如遊龍)』 그들의 사치함을 깨우쳐주지는 못하고 어찌 관작을 내리려고 합니까?」

복파장군 마원

마후의 말에서 유래한 성어(成語)로, 많은 수레와 말들이 오가며 떠들썩하다는 말. 왕래가 잦음을 나타내는 것으로 사람의 행차가 장관을 이루는 모습을 말한다.

❻ 駑馬十駕 (노마십가)

驽马十驾　　둔할 **駑** 말 **馬** 열 **十** 멍에 **駕**

느리고 둔한 말도 준마의 하룻길을 열흘에는 갈 수 있다는 뜻으로, 둔하고 재능이 모자라는 사람도 열심히 하면 훌륭한 사람이 될 수 있음을 비유적으로 이르는 말.

주(周)나라의 유학자 순자(荀子)의 사상을 집록(輯錄)한 《순자》 수신편에 있는 말이다.

「천리마는 하루 만에 천 리를 달리는데, 둔한 말도 열흘 동안 달리

순 자

면 이에 미칠 수 있다(夫驥一日而千里 駑馬十駕則亦及之矣)」

걸음이 느리고 둔한 노마는 능력이 없는 둔재(鈍才)에 비유하며, 말이 멍에를 지고 하루에 수레를 끌고 다닐 수 있는 거리를 일가(一駕)라고 하는데, 십가(十駕)는 열흘 동안 말이 달린 거리를 가리킨다.

능력이 부족한 사람도 게으르지 않고 노력하기를 힘쓰면 재능 있는 사람들과 어깨를 겨눌 수 있다는 말이다.

❼ 輕裘肥馬 (경구비마) 轻裘肥马 가벼울 **輕** 갖옷 裘 살찔 **肥** 말 **馬**

가벼운 가죽옷과 살찐 말이라는 뜻으로, 중국에서 부유한 사람들이 외출할 때의 모습을 비유한 말이다.

《논어》 옹야편(雍也篇)에 「적이 제나라에 갈 때 살찐 말을 타고 가벼운 가죽옷을 입었다(赤之適齊也乘肥馬衣輕裘)」라는 구절이 있는데, 그 주석에 「비마(肥馬)를 타고 경구(輕裘)를 입는다는 것은 부(富)를 뜻한다」고 하였다. 가벼운 갖옷과 살찐 말의 뜻으로, 귀인이 출입할 때의 차림새를 이름. 구(裘)는 짐승의 모피 옷.

❽ 問鼎輕重 (문정경중)

问鼎轻重 물을 **問** 솥발 **鼎** 가벼울 **輕** 무거울 **重**

「솥의 크기와 무게를 묻는다」라는 뜻으로, 천하를 차지하려는 야욕을 비유하는 말이다. 정(鼎)이란 세 다리와 두 귀가 달린 금속으로 된 솥을 말하며, 고대 중국에서는 요리는 물론 표창할 때, 또는 삶아 죽일 때 쓰는 형구(形具) 등으로 쓰였었다.

초장왕

이야기는 멀리 거슬러 올라가 주(周)의 정왕 원년(BC 606)의 일이다. 초(楚)의 장왕(莊王)은 춘추 오패의 한 사람으로 천하에 대한 야망을 품고 있었다. 이 해 봄 장왕은 육혼(陸渾)의 오랑캐를 토벌하고, 낙수 근처로 나왔다. 낙수의 북쪽에는 주나라의 서울 낙양이 있다. 장왕은 국경에 대군을 배치해 놓고 주왕의 태도 여하에 따라서는 공격도 사양치 않으려는 태세를 보였다. 정왕은 초의 위세에 놀라 대부 왕손만(王孫滿)을 보내 장왕의 노고를 위로케 하였다.

그런데다 장왕은, 역대의 왕조에 계승되며, 지금은 주 왕실 대대로 전해오는 정(鼎)이란 어떠한 것인지 알고 싶어 하였기 때문에, 이때야말로 좋은 기회라 생각하고, 그 정의 대소경중을 물었던 것이다.

이 질문을 받고, 왕손만은 솥의 유래부터 말하기 시작하였다.

그 설명에 의하면, 애당초 솥은 하(夏)왕조의 시조 우(禹)가 구주(九州

주대의 솥

: 옛날 중국을 9분하였다)의 장에 명하여 동(銅 : 원문에서는 金)을 헌상해 이것으로 주조시킨 것이다.

솥의 표면에는 만물의 형상이 새겨져 있다. 그런데 이것은 하(夏)의 걸(桀)왕 때, 은(殷)으로 옮겨졌고, 은의 주(紂)왕 때 주(周)로 옮겨졌다. 주의 2대 성왕은 솥을 교욕(郟鄏 : 낙양)에 놓고 여기를 왕도로 정하였다. 이후 정왕에 이르기까지 30대 7백 년간 계승되어 왔던 것이다. 최후로 왕손만은 강조하였다.

「아, 군주께서는 잊으셨는지요. 옛날 순임금과 하우(夏禹)가 융성할 때 주변의 국가들이 모두 조공을 바치러 왔고, 우왕 때 아홉 주의 제후들이 스스로 쇠붙이를 헌납하여 구정이 만들어졌습니다. 솥마다 각 나라의 기이한 그림들을 그려 넣어, 이로써 이 기이한 물건은 상서롭고도 두려운 물건임을 의미하게 되었던 것입니다. 하나라 걸왕이 혼란에 빠지자 구정은 은(殷)으로 넘어가 은나라가 6백년을 지속하였고, 은의 주왕이 포학하여 천명을 잃게 되자 구정은 주(周)나라로 넘어왔습니다. 실로 구정의 무게란, 세상에 덕이 행해지면 크기가 아무리 작더라도 무거워 옮겨갈 수 없고, 세상이 혼란하여 간사한 사람이 들끓으면 아무리 크더라도 가벼워지는 것입니다. 옛날 성왕(成王)이 왕실에 구정을 안치할 때, 대대로 30대에 걸쳐 7백 년 동안 나라가 지속될 것이라는 예언이 있었으니, 이것이 하늘의 뜻입니다. 솥의 무게가 문제가 아닙니다. 덕이 있느냐 없느냐가 문제입니다. 지금 주는 비록 쇠퇴하였다고는 하지만, 오늘까지 솥이 전해 내려온 것은 하늘이 명하는 바로 천명(天命)이 이미 바뀌었다고는 생각되지 않습니다. 따라서 솥의 무게를 물을 필요는 없다고 생각합니다」

춘추시대는 아직 주왕의 체면을 유지할 수 있던 시대였다. 장왕도 힘만 가지고는 주를 칠 수가 없어서 할 수 없이 철수하고 말았다.

이 이야기는 《춘추좌씨전》에 의하였지만 「문정지경중(問鼎之輕重)」은 제위를 노리는 불손한 마음이 있는 것을 의미한다. 그러나 이것이 전하여 오늘날은 상대편의 실력이나 속마음을 살펴 그 약점을 파고드는 뜻으로 쓰이게 되었다.

여담이지만 《전국책》 동주편에 구정(九鼎)을 달라는 진(秦)의 요구에, 주왕이 신 안솔(顔率)의 변설로 제왕의 힘을 빌려 진을 쫓았다, 라고 씌어 있다. 그러나 반대로 제왕(齊王)이 구정을 달라고 했을 때, 안솔은 이렇게 말했다.

「옛날 주는 은을 멸하고 구정을 얻었는데, 솥 하나를 만 명이 끌고 왔습니다. 구정을 옮기자면 81만 명이라는 손이 필요합니다」(솥이 아홉이었는지, 하나였는지 불명)라고 말하여 제왕을 홀려버렸다고 한다.

여하튼 그 행방은 주의 멸망(BC 256) 때 진으로 운반 도중 사수(泗水)에 빠뜨렸다고 하나 확실한 것은 알 수 없다.

66. 策功茂實 勒碑刻銘 (책공무실 늑비각명) 策功茂实 勒碑刻铭

❶ 彌縫之策 (미봉지책)

❷ 螢雪之功 (형설지공)

❸ 松茂柏悅 (송무백열)

❹ 脚踏實地 (각답실지)

❺ 勒碑刻銘 (늑비각명)

❻ 萬口成碑 (만구성비)

❼ 刻骨難忘 (각골난망)

❽ 左右銘 (좌우명)

풀이

❶ 彌縫之策 (미봉지책)   弥缝之策   기울 **彌** 기울 **縫** 의 **之** 꾀 **策**

「미봉(彌縫)」은 타진 곳을 임시로 기워 잇는다는 뜻이다. 이 말에서 임시로 꾸며대어 눈가림만 하는 계책을 「미봉책」이라 하게 되었다. 그러나 이 말의 유래는 꽤 오래다.

《춘추좌씨전》 환공(桓公)에 있는 말이다.

주(周)나라 환왕(桓王) 13년(BC 707), 왕은 정나라를 치기로 결정한다. 이보다 앞서 왕은 정(鄭)나라 장공(莊公)으로부터 왕실의 경사(卿士)란 직책을 거두어들였고, 이를 못마땅하게 생각한 정장공은 왕실에 대한 조공을 일체 중지해 버렸다.

정장공

환왕은 이 기회에 정나라를 쳐서 주나라 왕실의 위신을 회복할 생각이었다. 한왕은 괵·채·진·위 네 나라 군대도 함께 거느리고 위세 당당하게 정나라로 향했다.

이렇게 되자 정장공은, 「내란이 생겨 진(晋)나라 군사는 싸울 경황이 없을 테니, 먼저 이를 치면 곧 달아나게 될 것입니다. 그렇게 되면 다른 나라들도 지탱을 못할 것입니다. 그런 다음 왕이 지휘하는 군사를 집중 공격하면 승리는 우리의 것이 될 것입니다」 하는 의견을 받아들여 작전을 짰다.

만백이 우익, 채중족이 좌익이 되어, 원번과 고거미가 중군을 이끌고 장공을 호위하여 어려진(魚麗陣)을 쳤다. 즉 전차부대를 앞세우고 보병을 그 뒤에 세워 전차의 틈 사이를 보병으로 미봉하게 했다. 사람으로 전차 사이사이를 이어 그물처럼 진을 친 것을 미봉이라 했다. 전차가 헝겊조각이라면 사람은 실이 된 셈이다.

미봉은 곧 기워 붙인다는 뜻이다. 여기에서 실패나 결점을 일시 얼버무려 나가는 것을 가리키는 「미봉책」이란 말이 생겨났다.

❷ 螢雪之功 (형설지공)

萤雪之功　반딧불 **螢** 눈 **雪** 의 **之** 공 **功**

형설(螢雪)은 반딧불과 눈을 말한다. 반딧불의 불빛과 눈 내린 밤의 눈빛으로 쉬지 않고 공부해서 이룩한 성공. 어려운 여건을 이겨내면서 열심히 학업에 정진해서 입신양명(立身揚名)한 것을 비유하여 「형설지공을 쌓는다」고 한다.

후진의 이한(李瀚)이 지은 《몽구》라는 책에 있는 이야기다.

진나라의 손강(孫康)은 공부하기를 좋아했지만 집이 가난해서 등불을 밝힐 기름조차 살 돈이 없었다. 그래서 겨울이면 그는 항상 눈(雪)빛으로 글을 읽었다. 그는 젊었을 때부터 마음이 맑고 지조가 굳었다. 때문에 친구도 함부로 사귀는 일이 없었다. 뒤에 관직에 나아가 벼슬이 어사대부(御史大夫 : 감찰원장)에까지 올랐다.

《진서》 차윤전에, 「진(晋)나라 차윤(車胤)은 집이 가난해서 기름을 구할 수 없었다. 여름이면 비단 주머니에 수십 마리의 반딧불이를 담아

글을 비추어 밤을 새우며 공부를 계속했다. 그는 마침내 이부상서(吏部尙書 : 내무장관)에까지 벼슬이 올랐다」라는 이야기가 실려 있다. 이 이야기에서 고학하는 것을 「형설(螢雪)」이니 「형설지공」이니 말하고, 공부하는 서재를 가리켜 「형창설안(螢窓雪案)」이라고 한다. 반딧불 창에 눈 책상이란 뜻이다.

눈빛과 반딧불로 글자를 볼 수 있었다는 것은, 글자가 굵은 것도 이유가 되겠지만, 그들이 그만큼 눈(眼)의 정기를 남달리 좋게 타고났기 때문이기도 했을 것이다.

❸ 松茂柏悅 (송무백열)

松茂栢悅

소나무 **松** 무성할 **茂** 측백나무, 잣 **柏** 기쁠 **悅**

소나무가 무성하면 잣나무가 기뻐한다. 벗이 잘 되는 일을 기뻐함을 비유하여 이르는 말.

「백(柏)」은 원래는 측백나무를 가리키는 말이었다. 뒤에 잣나무와 혼동되면서 측백나무보다는 잣나무로 쓰는 경우가 많다.

소나무와 잣나무는 상록교목으로 겨울이 되어도 푸른빛을 잃지 않아 예부터 선비의 꼿꼿한 지조와 기상의 상징으로 함께 어울려 쓰였다. 「송백지조(松柏之操)」, 「송백지무(松柏之茂)」 등이 그 예다.

이렇듯 소나무와 잣나무는 항상 푸르면서도 서로 비슷하게 생겨 흔히 가까운 벗을 일컫는 용어로도 사용된다. 벗이 잘되는 것을 기뻐하는 일이야말로 바람직한 인간관계의 시작이자 사람됨의 근본 도리이다. 이런 까닭으로 춘추전국시대 초(楚)나라의 백아는 자신의 거문고 소리를 알아주던 절친한 벗 종자기(種子期)가 죽자, 거문고 줄을 끊어 버리고 다시는 타지 않았다. 「백아절현(伯牙絶絃)」의 고사인데, 이 말은 사람이 평생을 살아가면서 진정한 벗 한 명을 얻기가 그만큼 어렵다는 것을 뜻한다.

같은 뜻의 성어로는 혜초(蕙草)가 불에 타면 난초가 슬퍼한다는 뜻으로 「혜분난비(蕙焚蘭悲)」가 있다. 벗의 불행을 슬퍼한다는 말이다.

❹ 脚踏實地 (각답실지)

脚踏实地 다리 **脚** 밟을 **踏** 열매 **實** 땅 **地**

사마광

발이 실제로 땅에 붙었다는 뜻으로 일처리 솜씨가 착실하다는 말.

북송(北宋)의 정치가·사학자인 사마광(司馬光)이 《자치통감(資治通鑑)》을 집필한 뒤에 그를 평가한 데서 나온 성어로 성실한 태도와 바른 품행으로 착실하게 일을 처리하는 사람을 말한다.

《자치통감》은 《통감(通鑑)》이라고도 한다. 주(周)나라 위열왕(威烈王)이 진(晉)나라 3경(卿 : 韓·魏·趙씨)을 제후로 인정한 BC 403년부터 5대(五代) 후주(後周)의 세종(世宗) 때인 960년에 이르기까지 1,362년간의 역사를 1년씩 묶어서 편찬한 것이다.

밤낮으로 끊임없이 연구와 집필에 몰두한 사마광은 세밀하게 자료들을 수집 정리하여 연구하고 정확한 자료들로써 편년체(編年體)의 역사서 《자치통감》294권을 편찬하였다.

역대의 역사적 사실을 밝혀 정치의 규범으로 삼기 위해 편찬되었으며, 북송의 제6대 황제인 신종(神宗 : 재위 1067~1085)이 책이름을 지어 주었다. 송(宋)나라의 학자 소옹(邵雍)은 사마광에 대하여 이렇게 그의 성실함을 칭찬하였다.

「실제의 사실을 확인하려고 발로 뛰어다니면서 답사한 사람(君實脚踏實地人也)」

소 옹

일을 할 때 사실과 원리에 따라서 과장하지 않고 진지하고 성실해야 함을 가리킨다.

❺ 勒碑刻銘(늑비각명) 勒碑刻铭 새길 **勒** 비석 **碑** 새길 **刻** 새길 **銘**

비석에 새겨 명문을 남긴다.

《천자문》에 있는 말이다.

「공로를 하나하나 따져 실적에 힘쓰게 하고, 비석에 새겨 명문을 남긴다(策功茂實 勒碑刻銘)」

제왕과 공신들의 업적과 공로를 비문(碑文)에 새겨 영원무궁토록 기리겠다는 소망을 담고 있다.

나라에서는 공신들의 업적을 책록에 기록하여 실적에 힘쓰게 하고, 명문을 새겨 비석을 세운다. 그리하면 나라의 인재들이 공을 세우기 위해 더욱 노력하게 된다.

진시황 조소(彫塑)

중국에서 이렇듯 제왕의 행적과 발자취를 돌에 새겨 기리게 된 것은 진시황(秦始皇) 때부터 시작되었다. 천하통일 후 진시황은 중국 각지를 돌아다니는 「천하 순행」을 거행했는데, 그것은 자신이 이룬 업적과 권력을 과시하기 위해서였다. 그는 들르는 곳마다 자신의 위대함과 통일제국의 무궁함을 기원하는 비석을 세우는 데 열중했다. 현재까지 전해오는 진시황의 비석은 모두 6개인데, 여기에는 진시황의 업적과 공덕이 새겨져 있다.

❻ 萬口成碑 (만구성비) 万口成碑 일만 **萬** 입 **口** 이룰 **成** 비석 **碑**

여러 사람이 이구동성으로 칭찬하는 것은 비(碑)를 세우는 것과 같다는 말.

❼ 刻骨難忘 (각골난망) 刻骨难忘 새길 **刻** 뼈 **骨** 어려울 **難** 잊을 **忘**

은혜를 입은 고마움이 뼈에 깊이 새겨져 잊히지 않는다는 것을 이르는 한자성어.

다른 사람에게 입은 은덕(恩德)에 대한 고마움이 마음속 깊숙이 사무쳐 결코 잊을 수 없다는 뜻이다. 풀을 묶어서, 즉 죽어서라도 은혜를 갚는다는 뜻의 결초보은(結草報恩)이나 죽어서 백골이 되어도 그 은혜를 잊을 수 없다는 뜻의 백골난망(白骨難忘)과 비슷한 말이다.

❽ 座右銘 (좌우명) 座右铭 자리 **座** 오른쪽 **右** 새길 **銘**

늘 자리 옆에 적어놓고 자기를 경계(警戒)하는 말. 가르침으로 삼는 말이나 문구.

67. 磻溪伊尹 佐時阿衡 (반계이윤 좌시아형) 磻溪伊尹 佐时阿衡

❶ 磻(반) 溪(계) 伊(이) 尹(윤)

❷ 虎(호) 溪(계) 三(삼) 笑(소)

❸ 家(가) 和(화) 萬(만) 事(사) 成(성)

❹ 京(경) 兆(조) 尹(윤)

❺ 王(왕) 佐(좌) 之(지) 材(재)

❻ 時(시) 不(불) 可(가) 失(실)

❼ 阿(아) 鼻(비) 叫(규) 喚(환)

❽ 合(합) 縱(종) 連(연) 衡(횡)

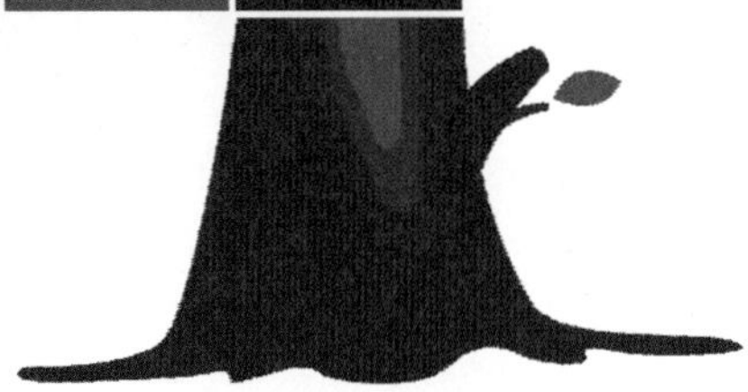

풀이

❶ 磻溪伊尹 (반계이윤) 磻溪伊尹 돌 磻 시내 溪 저 伊 만 尹

반계와 이윤, 곧 여상(呂尙)과 이윤(伊尹)을 이르는 말이다.

《천자문》에 있는 말이다.

「반계의 태공은 문왕을 도왔고, 이윤은 탕왕을 보좌하여 아형이 되었다(磻溪伊尹 佐時阿衡)」

여기서 반계는 강태공 여상이 주(周)나라 문왕(文王)과 처음 만난 지명이다. 강태공(姜太公) 여상은 은(殷)나라 말기 폭군 주왕(紂王)이 다스리는 혼란스러운 세상을 피해 강에서 낚시질을 하고 있던 중 문왕이 그를 찾아간 곳이 바로 반계였다.

강태공 여상

여상은 문왕을 도와 주(周)나라 개국의 기반을 만들었고, 또 문왕이 죽은 뒤 무왕을 도와 은(殷)나라를 멸망시키고 주나라를 세우는 데 일등공신의 역할을 했다. 이 공로로 여상은 중국 대륙의 가장 동쪽에 위치하고 있는 제(齊)나라를 분봉 받아, 제나라의 시조가 되었다.

이윤은 이름이 아형(阿衡)으로, 하(夏)나라의 폭군 걸왕(桀王)의 잔혹한 정치를 고치기 위해 요리사가 되어 궁궐로 들어갔다. 그러나 수차례의 간언에도 불구하고 걸왕의 잔혹무도한 정치가 계속되자, 결국 탕왕

이 윤

에게 귀순하게 된다.

이윤은 솥과 도마를 짊어지고 다니며 요리에 비유하여 나라를 다스리는 방법을 탕왕에게 가르쳤다. 이윤의 유세(遊說)에 감동받은 탕왕은 신야(辛野)에서 이윤을 맞아 재상을 삼았다. 이윤은 나라를 잘 다스려 천하의 민심이 탕왕에게 기울도록 했고, 마침내 군사를 일으켜 하(夏)를 멸망시키고 은(殷)나라를 세우는 데 큰 공을 세웠다. 탕왕은 그를 높여 불러 아형(阿衡)이라 했다.

❷ 虎溪三笑(호계삼소) 虎溪叁笑 범 虎 시내 溪 석 三 웃을 笑

유(儒)·불(佛)·도(道)의 진리가 그 근본에 있어 하나라는 것을 상징.

「호계삼소(虎溪三笑)」는 호계라는 시냇가에서 세 사람이 웃는다는 뜻이다. 이것은 유(儒)·불(佛)·도(道)의 진리가 그 근본에 있어 하나라는 것을 상징한 이야기였는데, 이 「호계삼소」를 그린 그림을 「호계삼소도」라 하여 많은 화가들에 의해 그려지곤 했다.

송나라 진성유(陳聖兪)가 지은 《여산기》에 있는 이야기다.

동진의 고승 혜원(慧遠)은 중국 정토교(淨土敎)의 개조(開祖)로 알려져 있는데, 그를 북주의 「혜원」과 구별하기 위해 보통 「여산(廬山)의 혜원」이라 부르고 있다.

그는 처음에는 유학을 배웠고, 이어 도교(道教)에 심취했었는데, 스무 살이 지난 뒤에 중이 되어 여산에 동림정사(東林精舍)를 지어 불경 번역에 종사하는 한편 원흥 원년에는 이 정사에 동지들을 모아 백련사를 차렸다.

혜원이 있던 이 「동림정사」 밑에는 「호계」라 불리는 시내가 흐르고 있었다. 혜원은 찾아온 손을 보낼 때는 이 호계까지 와서 작별하도록 정해져 있어 절대로 내를 건너는 일이 없었다.

호계삼소도(작자 미상)

그런데 어느 때인가 유학자요 시인인 도연명과 도사인 육수정(陸修靜)을 보내며 서로 이야기를 나누는 가운데 무심코 이 호계를 지나고 말았다. 문득 생각이 나 이 사실을 안 세 사람은 마주보며 껄껄 웃음을 터뜨렸다.

이 이야기를 놓고 송나라 화가 석각(石恪)이 그린 것이 바로 「호계삼소도」였는데 뒤에 많은 화가들이 이 그림을 그렸다. 그러나 실상 이 이야기는 후세 사람이 만들어낸 이야기라고 한다. 그 이유로는 육수정이 「예산」으로 들어간 것은 혜원이 죽은 30여 년 뒤였고, 도연명도 이미 20여 년 전에 세상을 떴기 때문에 만날 수가 없었다는 것이다.

세상에는 사실과 다른 이야기들이 글하는 사람들의 손에 의해 사실인 것처럼 전해지고 있는 일이 수없이 많다. 그러나 이 「호계삼소」는 학파니 종파니 하고 세력다툼을 하는 엉터리 열성인들에게 좋은 교훈

이 될 것 같다.

❸ 家和萬事成 (가화만사성)

家和万事成
집 **家** 화목할 **和** 온갖 **萬** 일 **事** 이룰 **成**

{이 항(伊)은 글자 특성상 고사성어 열매가 열리 않아서 위 고사로 대체했다}

집안이 화목하면 모든 일이 잘 풀린다. 우리의 입에 오르내리는 한자성어 중에는 한문시에서 유래한 것이 많다. 「소문만복래(笑門萬福來)」니 「가화만사성」이니 하는 것도 한문시 중의 한 구절이다.

《명심보감(明心寶鑑)》 치가(治家)편에, 「자식이 효도하면 양친이 즐거워하고, 가정이 화목하면 만사가 이루어진다(子孝雙親樂 家和萬事成)」는 말이 나온다. 또 조상이 덕을 쌓은 집안에는 반드시 후손에게 경사가 따른다는 「적선지가 필유여경(積善之家必有餘慶)」 역시 가화만사성에 뿌리를 두고 있다.

「입은 화의 문(口是禍之門)이요, 혀는 몸을 베는 칼(舌是斬身刀)」이라고 하는 데서 「화는 입으로부터 나오고 병은 입으로부터 들어간다(禍自口出 病自口入)」라는 문자가 생겼다.

그런데 그 입에서 웃음이 나올 때는 모든 어려움은 웃음과 함께 사라지고 그 대신 기쁜 일이 찾아오게 된다. 그야말로 웃음은 화를 돌려 복을 만드는 전화위복의 좋은 약이라고 볼 수 있다. 「가화만사성」도 같은 내용을 달리 표현한 말이라고 할 수 있다. 가정이 화목하지 않고서는 어찌 그 집에 웃음꽃이 필 수 있겠는가? 가정이 화목함으로써 남편은 집 걱정을 하지 않고 자기 일에 열중할 수 있고, 아내는 남편을 믿고 즐거운 마음으로 집안일을 보살피고 아이들을 돌보게 된다.

몸을 닦아 집을 가지런히 한다(修身齊家)란 결국 집안을 평화롭게 하여 항상 웃음꽃이 집 밖까지 활짝 피게 하는 일일 것이다. 내 집이 화평하면 이웃과도 사이가 좋게 되고, 이웃도 내 집을 본받아 함께 화목해질 수 있다. 집을 가지런히 한 뒤에라야 나라도 다스리고 천하도 편하게 한다는 치국평천하(治國平天下)의 길도 결국 이 「가화만사성」 다섯 글자에 집약되어 있다 할 것이다.

❹ 京兆尹(경조윤) 京兆尹 서울 **京** 조짐 **兆** 다스릴 **尹**

중국 한(漢)나라 때 수도를 지키고 다스리던 관직.

한나라 수도 장안

한나라 때는 수도 장안(長安)과 그 주변을 세 부분으로 나누었다. 장안과 그 동부를 경조(京兆)라 하고, 북부는 좌풍익(左馮翊), 서부는 우부풍(右扶風)이라 하였으며, 이 셋을 합쳐 삼보(三輔)라고 불렀다.

이 가운데 경조는 천자(天子)가 계시는 땅이라는 뜻이며, 이곳을 다스리는 우두머리를 경조윤이라고 하였다.

❺ 王佐之才 (왕좌지재)

王佐之才 임금 王 도울 佐 어조사 之 재주 才

「왕을 도울 만한 재능」이라는 뜻으로, 임금을 보좌하여 큰 공을 세울 능력을 가진 인재를 비유하는 말이다.

《후한서(後漢書)》 순욱전에 있는 이야기로, 삼국시대에 조조(曹操)를 도와 중원 통일의 기틀을 다진 순욱(荀彧)의 고사에서 유래되었다.

才는 材로도 쓰며, 줄여서 왕재(王才)라고도 한다. 순욱은 자가 문약(文若)이며, 영천 사람이다. 어려서부터 고을에서 신동으로 이름이 났는데, 어느 날, 남양의 명사 하옹이 어린 순욱의 비범함을 알아보고는 「왕을 보필할 만한 재주를 가졌다(王佐才也)」라며 감탄하였다고 한다.

조 조

순욱은 자신의 고향이 병란에 휩싸이게 될 것을 알고 가족들을 이끌고 기주(冀州)로 갔다. 기주를 장악한 원소(袁紹)는 순욱을 예우하였으나, 순욱은 원소가 큰일을 이룰 인물이 못됨을 알아보고 조조에게 가서 의탁하였다.

순욱을 수하에 두게 된 조조는 「자방(子房 : 한나라 유방의 모사 장량)을 얻었다」며 기뻐하였다.

순욱은 하옹이 예견한 대로, 이후 20여 년 동안 정확한 정세판단과 치우침이 없는 공정한 자세로 조조를 보좌하여 위(魏)나라가 중원의 패권을 차지하는 데 공을 세웠다.

이 밖에 《한서》 동중서전에도 「유향은 동중서가 임금을 보좌할 만한 재목이라고 칭찬하였다(劉向稱董仲舒有王佐之材)」라는 구절이 있다. 여기서 유래하여 「왕좌지재」는 임금을 보좌할 만한 재능 또는 그러한 재능을 지닌 인재를 비유하는 말로 사용된다.

❻ 時不可失(시불가실) 时不可失 때 **時** 아닐 **不** 옳을 **可** 잃을 **失**

한 번 지난 때는 두 번 다시 오지 아니하므로, 때(기회)를 놓쳐서는 안 된다는 말. 좋은 시기를 잃어버려서는 안 된다는 말.

은(殷)나라의 주왕(紂王)은 원래 총명한 인물이었으나, 애첩 달기의 미색에 빠진 뒤로는 주지육림을 일삼아 국정을 돌보지 않음으로써 백성들의 삶이 황폐해졌다. 이에 희발(姬發)이 군사를 일으켜 주왕을 벌하고 새로 주(周)나라를 세웠으니, 그가 바로 무왕(武王)이다.

주무왕

은나라 정벌에 나선 무왕은 승리를 눈앞에 둔 상황에서 군사들을 모아놓고 자신의 정당성을 훈시한 내용이 《주서(周書)》 태서(泰誓)편에 기록되어 있다.

「……주왕은 신하가 억만인(億萬人)이 있으나, 억만인의 마음은 각각 다르다. 나는 신하를 삼천을 두었으나 마음이 하나이다. 상나라의 죄는 가득 차고 넘쳐 하늘이 벌하도록 명하시어 그를 쳤으니(商罪貫盈 天

命誅之), 내가 하늘에 순종하지 않는다면 그 죄가 같아질 것이오. 이 소인은 새벽부터 밤까지 공경하고 두려워하며, 돌아가신 아버지 문왕(文王)의 명을 받았으니 하느님에게 제사를 지내고, 큰 땅에도 제사를 지냈으며, 그대 무리들을 거느리고 하늘의 벌하는 것을 이루려 하는 것이오. 하늘은 백성들을 가엾게 여기고 있으니, 백성들이 바라는 바를 하늘은 반드시 그대를 따를 것이오. 바라건대 그대들은 나 한 사람을 도와 영원히 온 세상을 맑게 하시오. 때가 되었으니 이를 잃어서는 아니 되오(爾尙弼予一人 永淸四海 時哉 弗可失)!」

「물실호기(勿失好機)」와 비슷한 말이다.

❼ 阿鼻叫喚(아비규환) 阿修罗场 언덕 **阿** 코 **鼻** 부르짖을 **叫** 외칠 **喚**

차마 눈뜨고 보지 못할 참상이라는 말.

「아비(阿鼻)」는 범어 Avici의 음역으로 「阿」는 무(無), 「鼻」는 구(救)로서 「전혀 구제받을 수 없다」는 뜻이다. 아비지옥은 불교에서 말하는 8대 지옥 중 가장 아래에 있는 지옥으로 「잠시도 고통이 쉴 날이 없다」하여 무간지옥(無間地獄)이라고도 한다.

이곳은 오역죄(五逆罪)를 범한 자들이 떨어지는 곳이다. 즉 부모를 살해한 자, 부처님 몸에 피를 낸 자, 삼보(보물・법물・승보)를 훼방한 자, 사찰의 물건을 훔친 자, 비구니를 범한 자 등이다.

이곳에 떨어지면 옥졸이 죄인의 살가죽을 벗기고 그 가죽으로 죄인을 묶어 불수레의 훨훨 타는 불 속에 던져 태우기도 한다. 야차들이 큰 쇠창을 달구어 입・코・배 등을 꿰어 던지기도 한다. 이곳에서는 하루에 수천 번씩 죽고 되살아나는 고통을 받으며 잠시도 평온을 누릴 수 없다. 고통은 죄의 대가를 다 치른 후에야 끝난다.

「규환(叫喚)」은 범어 raurava에서 유래한 말로 8대 지옥 중 4번째 지옥이다. 「누갈」이라 음역하며 고통에 울부짖는다 하여 「규환」으로 의역한다. 이곳에는 전생에 살생・질투・절도・음탕・음주를 일삼은 자들이 떨어지게 된다. 이들은 물이 펄펄 끓는 가마솥에 빠지거나 불이 훨훨 타오르는 쇠로 된 방에 들어가 뜨거운 열기의 고통을 받게 된다. 너무 고통스러워 울부짖으므로 「규환지옥」이라고도 한다. 아비지옥과 규환지옥은 너무나 고통스러워 울부짖는 곳이다. 그러므로 이 지옥에서처럼 차마 눈뜨고 보지 못할 참상을 가리키는 말이다.

❽ 合縱連衡(합종연횡) 合纵連衡 합할 **合** 세로 **縱** 이을 **連** 가로 **衡**(횡)

전국시대 최강국인 진(秦)과 연(燕)・제(齊)・초(楚)・한(韓)・위(魏)・조(趙)의 6국 사이의 외교전술.

소진의 합종책과 장의의 연횡책, 일종의 공수동맹(攻守同盟)이다.

소진은 장의와 더불어 전국시대 중엽의 중국 전토를 세 치의 혀(舌)와 두 다리를 가지고 뒤흔든 큰 책사이며, 큰 사기사(詐欺士)이다. 세치의 혀라 함은 말할 수 없을 정도의 능변(能辯), 두 다리라 함은 주름잡고 돌아다닌 나라가 소위 당시의 일곱 나라에 걸친 것을 뜻한다.

《사기》 소진장의열전에 있는 이야기다.

소진과 장의 두 사람은 귀곡선생(鬼谷先生 : 백반百般의 지식에 통하며, 점복占卜도 하고, 《귀곡자》 라는 책을 남긴 수수께끼의 인물)에게 배운 동문이다. 귀곡선생이 살고 있던 곳은 낙양에서 150리 정도 동남의 귀곡이라는 산중이었다.

BC 4세기 말 여러 나라를 유세하고 있던 소진(蘇秦)은 우선 연에게, 이어서 다른 5국에게 「진(秦) 밑에서 쇠꼬리가 되기보다는 차라리 닭의 머리가 되자(寧爲鷄口 無爲牛後)」고 설득하여, 6국을 종적(縱的)으로 연합시켜 서쪽의 강대한 진나라와 대결할 공수동맹을 맺도록 하였다. 이것을 합종(合從 : 從은 縱)이라 한다.

뒤에 위나라 장의(張儀)는 합종은 일시적 허식에 지나지 않으며 진을 섬겨야 한다고, 6국을 돌며 연합할 것을 설득하여 진이 6국과 개별로 횡적 동맹을 맺는 데 성공하였다. 이것을 연횡(連衡 : 衡은 橫)이라고 한다. 그러나 진은 합종을 타파한 뒤 6국을 차례로 멸망시켜 중국을 통일하였다.

소진과 장의에 대한 일화가 있다. 소진이 조나라에 체류 중 장의가 갑자기 찾아왔다. 동문인 소진이 재상이 되었다는 것을 듣고 천거를 부탁하러 온 것이었다. 소진은 엿새째에 가서야 겨우 면회를 허락하였을 뿐 아니라, 자기는 당상에 장의는 당하에 앉게 하고 하인에게나 먹일 정도의 식사를 대접하여 쫓아버렸다. 장의는 이를 갈며 분에 못 이겼다. 그리고는 두고 보자는 듯이 그 길로 진나라를 향해 떠났다.

그런데 그 여행에 같이 따라가며 장의를 돌보아준 인물이 있다. 여인숙 비용은 물론, 진에 벼슬하자면 의복도 필요하리라 하고 시중을 들어주며 진나라에까지 같이 따라왔다. 당시로 말하면, 장차 큰 인물이 되리라고 촉망되는 야인(野人)에게 친절을 베풀어 장래 이용해 먹으려는 상인이 드물지 않았기 때문에 아마 그런 따위일 것이라고 장의는 생각하고 있었다.

그 상인은 장의가 진에 입경(入京)하여 객경(客卿)에 오르는 것을 보자, 장의에게 작별인사를 하러 왔다. 장의는 자기로부터 아무 보상도 요구하지 않는 상인을 이상하게 여기고 그 이유를 물은 즉, 상인은, 「이것은 모두 소진님께서 주선하여 주신 일입니다. 당신을 발분시켜 진으로 가게 하여 진에 벼슬토록 하시려는 심산에서였습니다. 진은 소진님의 합종책에는 방해자입니다. 그 방해자의 손발을 묶어 놓는 구실을 당신께서 해주셨으면 하는 것입니다」

그러자 장의는, 「나는 소진의 술수 중에 있으면서도 그것을 깨닫지 못한 어리석은 자요. 이 어리석은 자가 어찌 소진의 방해를 하겠소. 소진에게 일러주시오. 소진이 살아 있을 동안에는 이 장의가 어찌 큰 소리를 칠 수가 있겠는가, 라고 말이오」

장의는 진에 머무르면서 재완(才腕)을 인정받고, 객경(客卿)에서 재상으로 출세하였다. 그는 「연횡책」을 획책하였다. 다시 말해서 6국의 어느 한 나라와 동맹을 맺어 합종을 깨뜨리고, 6국을 산산조각으로 고립시켜, 고립된 나라들을 개별적으로 격파 혹은 위압하고, 진에 대하여 신하의 예를 취하도록 하게하며, 그러고 나서 병탄(倂呑)해 버리자는 책략이다.

진과 다른 나라와 동맹을 맺는 것은, 「가로(衡=橫 : 동서)로 연합하는」 형태가 되기 때문에 「합종」에 대하여 「연횡」이라고 하는 것이다. 장의는 후에 소진이 성취한 「합종」을 완전히 붕괴시키고 말았다.

전국(戰國) 백 년의 역사는 이 합종과 연횡이 되풀이된 역사라고 해도 좋을 정도로 두고두고 말썽이 되어 왔다. 그래서 제자백가(諸子百家) 중 외교무대에서 세 치 혀로 활약하는 사람들을 가리켜 종횡가(縱橫家)라고 한 것도 이 「합종연횡」이란 말에서 나온 이름이었다.

68. 奄宅曲阜 微旦孰營 (엄택곡부 미단숙영) 奄宅曲阜 微旦孰営

❶			엄 奄	택 宅	곡 曲	부 阜
❷		안 安	택 宅	정 正	로 路	
❸			곡 曲	돌 突	사 徙	신 薪
❹		곡 曲	부 阜	공 孔		
❺	염 拈	화 華	미 微	소 笑		
❻		월 月	단 旦	평 評		
❼	숙 孰	시 是	숙 孰	비 非		
❽		토 兎	영 營	삼 三	굴 窟	

풀이

❶ 奄宅曲阜 奄宅曲阜 　문득 **奄** 　집 **宅** 굽을 **曲** 언덕 **阜**

(엄 택 곡 부)

곡부 땅을 어루만져 다스리다.

《천자문》에 있는 말이다.

「곡부 땅을 어루만져 다스리니, 주공 단이 아니면 누가 다스리겠는가(奄宅曲阜 微旦孰營)」

주(周)나라의 주공(周公)은 큰 집을 곡부(曲阜)에 하사받아 오랫동안 살았는데, 주공 단(旦)이 아니고서는 누가 그 거대한 집을 경영할 수 있었으랴. 주공이 천자에게 봉지(封地)를 하사받아 노나라의 도성(都城) 곡부에 집을 지었는데, 이는 오직 주공이 어질었던 까닭이다. 주나라 주공의 큰 업적을 기리는 말이다.

곡부는 공자의 출생지로 유명한 곳이지만, 고대 중국 사람들에게 곡부는 사실 주(周)나라 무왕의 동생으로 어린 조카인 성왕(成王)을 도와 주(周)나라의 정치적 기틀을 짠 주공 단(旦) 때문에 명성을 얻은 곳이다.

《한시외전(韓詩外傳)》에 이런 이야기가 있다.

은나라의 포악한 주(紂)왕을 폐하고 주(周)왕조를 연 무왕은 나라를 잘 다스리기 위해 밤낮없이 고심하다가 건강을 해쳐 병상에 눕더니 상(商)나라를 토벌한 지 몇 년 만에 세상을 떠나고 말았다. 그의 뒤를 이어 태자 송(誦)이 제위에 올랐으니, 이가 곧 성왕(成王)이다. 그러나 성왕은 아직 어렸고 천하는 여전히 불안한 상태였기 때문에 무왕의 아우이며 성왕의 삼촌인 주공이 섭정을 하였다.

그런데 주공의 동생 관숙과 채숙이 주왕의 아들 무경(武庚)과 손잡고

주공 단

반란을 일으켰다. 주공은 난을 평정하고 나서 성왕의 친정을 선포하고 자신은 성왕의 신하이며 스승으로서 관제를 제정하고 예악을 일으켜 나라의 기반을 다졌다. 성왕은 주공의 아들 백금(伯禽)을 노(魯)지방의 제후로 봉해서 다스리게 했다.

백금이 임지로 떠나는 날, 아버지를 뵙고 작별인사를 하자, 주공은 아들에게 백성들을 아끼고 잘 다스리라는 당부의 말을 하면서 남긴 훈계 가운데 오늘날 우리에게 널리 알려진 성구가 바로 「토포악발」이다.

「한번 머리를 감을 때 세 번 머리카락을 감싸 쥐고 나가 손님을 맞이하고, 한번 식사를 할 때 손님이 오면 세 번 음식을 뱉어내면서까지 나가 맞이하라(一沐三握髮 一飯三吐哺)」

주공은 이렇게 손님이나 현자를 정성으로 맞이하면서도 혹시 자신의 정성에 부족한 것이 있어 그들의 신의를 잃을까 염려했다고 한다.

❷ 安宅正路 (안택정로) 安宅正路 편안할 **安** 집 **宅** 바를 **正** 길 **路**

인(仁)과 의(義)를 비유적으로 이르는 말. 인은 사람이 입신(立身)할 땅이어서 평안한 주거에 비기고, 의는 사람이 가야 할 길이어서 바른길에 비긴 것으로, 곧 사람이 살 곳과 나아갈 곳을 이른다.

「仁은 인간의 안전한 주거(住居)이며, 義는 인간의 올바른 통로이다」라고 맹자가 한 말. 《맹자》 공손추(公孫丑) 상편.

❸ 曲突徙薪 (곡돌사신) 曲突徙薪 굽을 **曲** 굴뚝 **突** 옮길 **徙** 땔나무 **薪**

굴뚝을 구불구불하게 만들고 굴뚝 옆의 땔나무를 옮기라는 말로, 화근을 미연에 방지하라는 말이다.

유향(劉向)이 편찬한 《설원》 권모편에 이런 이야기가 있다.

옛날 어떤 사람이 자기 집 굴뚝을 곧게 세우고 굴뚝 옆에 땔나무까지 갈무리해 놓은 것을 보고 화제가 일어나기 쉬우니 굴뚝을 구부리고 섶단을 옮겨 놓으라고 충고했다. 그러나 집주인은 들은 척도 하지 않았다.

그런데 며칠 뒤 과연 그 집에 불이 난 것이다. 마을 사람들이 달려와 겨우 불을 끄긴 했지만 적지 않은 사람이 부상을 당하고 화상까지 입었다. 그래서 집주인은 마을 사람들에게 신세를 갚기 위해 술상을 차리고 소를 잡아 대접했다. 그런데 이 자리에서 처음에 굴뚝을 고치고 땔나무를 옮기라고 충고한 사람을 기억하는 사람은 아무도 없었다.

이에 한 사람이 시를 한 수 지었는데, 그 시에, 「굴뚝을 구부리고 땔나무를 옮기라고 충고한 사람의 은혜는 모르고 불에 덴 사람만 상빈 대접을 하는구나(曲突徙薪無恩澤 焦頭爛額是上賓)」라는 두 구절이 들어 있었다.

이 말은 화재의 예방책을 말한 사람은 상을 받지 못하고 불난 뒤에 불을 끈 사람이 상을 받는다는 뜻으로, 본말이 전도되었음을 지적한 것이다.

❹ 曲阜孔 (곡부공) 曲阜孔

굽을 **曲** 언덕 **阜** 구멍 **孔**

공자(孔子 : 본명은 구, 자는 중니)를 이르는 말.

공 자

중국 노(魯)나라 추읍(곡부현)에서 태어나 일찍이 인(仁)을 이상의 도덕이라 하여 효제(孝悌)와 충서(忠恕)를 이상의 근저로 삼고 여러 나라를 두루 돌아다니며 치국의 도(道)를 설하였고, 육경(六經)을 산술(刪述)하여 유교의 시원(始原)을 이루었다.

그의 언행을 적은 《논어(論語)》가 전함. 공자의 51세손인 공완(孔浣)의 아들 형제 중 장자 사회(思晦)는 중국에서 세거(世居)하였고, 차자인 소(紹)가 원(元)나라 순제(順帝 : 제15대 황제, 재위 1333~1367) 때 한림학사로 1351년(공민왕 즉위) 노국대장공주(魯國大長公主)를 배종하고 고려에 들어와 문하시랑평장사(文下侍郎平章事 : 정2품 벼슬)로 회원군(檜原君)에 봉해지고 관향(貫鄕)을 창원(昌原)으로 사적(賜籍) 받음으로써 우리나라 공씨의 문호가 열리기 시작했음.

그리하여 후손들은 처음에 사적받은 창원을 본관으로 삼았으나 1794년(정조 18) 공자의 고향인 곡부로 개관하게 되었음. 공씨의 본관은 곡부를 비롯하여 파평·수원·부평·남양 등 45본까지 있는 것으로 전해지나 현존하는 관향(貫鄕)은 곡부(曲阜) 공씨 단본이다.

❺ 拈華微笑(염화미소) 拈华微笑 집을 拈 꽃 華 작을 微 웃을 笑

말을 하지 않고도 마음과 마음이 통하여 깨달음을 얻게 됨.

「꽃을 잡고 미소를 짓다」라는 뜻으로, 석가가 연꽃을 들어 대중에게 보였을 때 가섭(迦葉)만이 그 뜻을 깨달아 미소를 지었다. 그래서 석가가 그에게 불교의 진리를 전수하였다는 고사다. 불교의 대표적인 화두 가운데 하나로서, 염화시중(拈花示衆)이라고도 한다.

가섭존자

선종에서 선(禪)의 기원을 설명하기 위해 전하는 이야기로서, 《대범천왕문불결의경(大梵天王問佛決疑經)》에 기록되어 있는 말이다.

영산(靈山)에서 범왕(梵王)이 석가에게 설법을 청하며 연꽃을 바치자, 석가가 연꽃을 들어 대중들에게 보였다.

사람들은 그것이 무슨 뜻인지 깨닫지 못하였으나, 가섭만은 참뜻을 깨닫고 미소를 지었고, 이에 석가는 가섭에게 정법안장(正法眼藏 : 사람이 본래 갖추고 있는 마음의 묘한 덕)과 열반묘심(涅槃妙心 : 번뇌와 미망에서 벗어나 진리를 깨닫는 마음), 실상무상(實相無相 : 생멸계를 떠난 불변의 진리), 미묘법문(微妙法門 : 진리를 깨닫는 마음) 등의 불교 진리를 전해 주었다.

즉 말을 하지 않고도 마음과 마음이 통하여 깨달음을 얻게 된다는 뜻으로, 이심전심(以心傳心)의 묘처(妙處)를 이름. 선(禪) 수행의 근거와 방향을 제시하는 중요한 화두이다. 비슷한 말로, 「이심전심(以心傳心)」, 「교외별전(教外別傳)」, 「염화시중(拈華示衆)」 등이 있다.

❻ 月旦評 (월단평) 月旦评

달 **月** 아침 **旦** 평론할 **評**

인물 평. 《후한서》 허소전에 있는 이야기다.

후한(後漢, 25~220)도 전한처럼 황후의 일족(外戚)과 환관의 세력에 골머리를 앓았다. 제10대 환제 때, 그 환관들이 결속하여 기개와 절조가 있는 선비 2백여 명을 금고(禁錮)에 처한 「전당고(前黨錮)의 화(禍)」(166)가 일어났으며, 다음 영제 때도 마찬가지로 7백여 명이 살해되고 다시 그 문하생에서 지인, 친척까지 유형이나 투옥을 당한 「후당고(後黨錮)의 화」(176)가 일어났다.

이런 일련의 사건으로 정치는 어지러워지고 한실의 위광(威光)도 쇠퇴하여 천하는 소연해졌다. 그런데 이에 박차를 가하는 사태가 발생했다. 그것은 「태평도(太平道)」라는 사교의 유행이었다.

「태평도」는 하북(河北)의 장각(張角)이라는 사나이가 시작한 당시의 신흥종교로, 황제(黃帝 : 삼황오제의 하나로 전설상의 인물)나 노자의 학설에 엉터리 이론을 붙인 것으로 정치가 올바르지 못하면 민중이 이런 것에서까지 구원을 찾게 되는 것은 인지상정이다. 어쨌든 천하가 소연해진 틈을 타 순식간에 수십만의 신도를 모으게 되었다.

이렇게 세력을 얻은 장각은, 이번에는 천하를 자기의 소유물로 만들려는 야망을 품고 영제 17년(184), 종도(宗徒)를 이끌고 군사를 일으켰다. 그 세력이 왕성해서 순식간에 전국으로 퍼졌다. 반란군은 표지(標識)로서 황색 건을 두르고 있었으므로 「황건적(黃巾賊)」이라 부르고, 이 난을 「황건적의 난」이라고 불렀다.

장각(張角)·장보(張寶)·장량(張梁) 삼형제

이렇게 되고 보니 궁정 안에서는, 권모술수로 남을 해치는 재주밖에 없는 환관들로서는 속수무책이었다. 당고의 화로 감금했던 선비들을 허겁지겁 풀어주어 토벌케 함과 동시에 전국의 유력자들에게 수하를 막론하고 토벌을 명했다. 무슨 일이라도 일어났으면 하고 목을 길게 빼고 기다리고 있던 야심만만한 호걸들은 다투어 군사를 일으켰으며, 그 중에서도 지모가 출중한 조조(曹操)는 반란군을 크게 격파하고 천하에 이름을 떨쳤다.

그 밖의 사람들도 용전하여 각지에서 반란군은 각지에서 참패를 당했으며, 수령 장각도 병사하여 그토록 기세를 올리던 대란(大亂)도 거의 진정되었다. 그러나 수그러들지 않는 것은 군사를 일으켰던 호걸들, 추켜올렸던 주먹을 그냥 내려놓을 수는 없었다. 그래서 거병의 명목을 「횡포한 환관을 응징한다」로 변경하고 군사를 풀지 않고 기회를 노리고 있었다.

영제가 재위 20년에 죽자(188) 원소(袁紹)라는 장군이 먼저 일어나 군사를 이끌고 궁중으로 난입하여 환관이라고 이름이 붙은 자 2천여 명을 모조리 죽였으며, 다시 동탁(董卓)이라는 장군도 다음에 즉위한 유제(幼帝)를 쿠데타로 폐위시켜 후한 왕조에 종지부를 찍고 마침내 삼국지 이야기의 발단이 된다.

조 조

한편, 황건적을 토벌하여 큰 공을 세운 조조는 젊었을 때부터 가업은 돌보지 않고 호걸들과의 교제를 즐겼다. 그 무렵 하남성 여남(汝南)에 허소(許劭)와 사촌형 허정(許靖)이라는 두 명사가 살고 있었다. 이 두 사람은 매달 초하루에 향당의 인물을 골라서는 비평을 하고 있었다. 그 비평인 매우 적절했기 때문에 「여남의 월단평(月旦平)」이라고 항간에서 평판이 파다해서 그 평을 들으러 가는 사람이 많았다. 이 인물평이 너무나도 유명했으므로 그로부터 인물 비평을 「월단평」 약해서 「월단」이라고 하게 되었다. 즉 「매달 초하루의 평」이란 말인데, 그것은 곧 인물평이란 말로 통하게 되었다는 이야기다.

허소의 이 같은 인물평이 당시는 상당히 높이 평가되고 있었으므로 《삼국지》의 영웅 조조(曹操)가 그를 찾아가 상평을 청한 것은 유명한 이야기로 전해지고 있다. 허소는 조조에게 상평해 줄 것을 거부했다. 그러자 조조는 평을 해주지 않으면 죽이겠다고 위협을 했다. 허소는 조조를 좋지 못한 인간으로 보았기 때문에 평을 거부한 것이었는데, 막상 위협을 받고 보니 뭐라고 말을 하지 않을 수가 없었다.

「그대는 올바르고 태평스런 세상에서는 간사한 도적이 될 것이요,

어지러운 세상에서는 영웅이 될 것이다(君淸平之姦賊 亂世之英雄)」라고 했다.

이 말은 《후한서》 허소전에 나오는데, 조조는 허소의 이같은 평에 몹시 만족해하며 돌아갔다고 한다. 그러나 《십팔사략》에는 허소가, 「그대는 잘 다스려진 세상에서는 능력 있는 신하가 될 것이요, 어지러운 세상에서는 간사한 영웅이 될 것이다(子治世之能臣 亂世之姦雄)」라고 말한 것으로 되어 있다.

아무튼 조조가 기뻐한 것은 「난세의 영웅」이란 말이었던 것 같은데, 보통 《십팔사략》의 말이 널리 알려지고 있다.

「월단평」은 월조평(月朝評)이라고도 한다. 이조시대에는 단(旦)이 태조 이성계(李成桂)의 임금이 된 뒤의 이름이었기 때문에 글자를 본래대로 읽지 않고 조(朝)와 같은 글자로 읽었기 때문이다.

원단(元旦)을 「원조」라고 읽은 것도 역시 같은 이유에서였다. 이른바 촉휘(觸諱)라는 것으로, 임금의 이름을 함부로 부르지 못하는 제도 때문이었다.

⑦ 孰是孰非 (숙시숙비) 孰是孰非 누구 **孰** 옳을 **是** 아닐 **非**

누가 옳고 누가 그른지 분명하지 아니함. 누가 옳고 그른지 분별하기 어려울 때 하는 말. 시비(是非)가 분명치 않음.

❽ 兎營三窟 (토영삼굴)

兎营叁窟 토끼 兎 지을 營 석 三 구멍 窟

영악한 토끼가 굴을 세 개나 파놓았기 때문에 위기를 면할 수 있었다는 뜻으로, 교묘한 지혜로 위기를 피하거나 재난이 발생하기 전에 미리 준비를 해야 한다는 말이다.

《사기》 맹상군열전에 있는 이야기다.

맹상군 조상(彫像)

제(齊)나라의 재상 맹상군의 식객(食客)으로 풍환(馮驩)이라는 사람이 있었다. 맹상군은 왕족인 정곽군(靖郭君) 전영(田嬰)의 아들로 이름은 전문(田文)이고, 상군은 그의 호이다.

풍환은 본디 떠돌아다니는 거지였는데 맹상군이 식객을 후대한다는 말에 짚신을 끌고 먼 길을 찾아왔던 것이다. 맹상군은 꼴에 장검(長劍)을 허리에 찬 그의 몰골이 하도 우스워 별 재주는 없어 보였지만 받아주었다.

그러나 그는 괴짜였다. 맹상군은 그를 3등 숙소에 배치했는데 고기반찬이 없다고 늘 투덜댔다. 그래서 2등 숙소로 옮겨 주었는데 이번에는 마차가 없다고 불평을 하는 것이 아닌가. 마지막으로 1등 숙소로 옮겨주자 처자도 없고 그럴 듯한 집이 없다며 투덜댔다.

당시 맹상군은 설(薛 : 현 山東省 동남지방)에 1만 호의 식읍을 가지고 있었다. 3천 명의 식객을 부양하기 위해 식읍 주민들에게 돈놀이를 하고 있었는데 도무지 갚을 생각을 하지 않았다. 누구를 보내 독촉할까 궁리하고 있는데 1년간 무위도식(無爲徒食)으로 일관했던 풍환이 자청했으므로 그를 보내기로 했다. 출발할 때 그는 물었다.

맹상군 영지 설(薛)의 관문

「빚을 받고 나면 무엇을 사올까요?」

맹상군이 말했다.

「무엇이든 좋소. 여기에 부족한 것을 부탁하오」

풍환은 설로 가서 맹상군의 돈을 빌린 사람들을 불러 이자 10만 전을 받았다. 풍환은 그 돈으로 술을 많이 빚고 살찐 소를 사놓은 다음, 채무자가 모두 모이도록 해놓고 이렇게 공고했다.

「이자를 낼 사람은 모두 오시오. 이자를 낼 수 없는 사람도 오시오」

모인 사람은 모두 차용증서를 손에 들고 일일이 꾸어 준 쪽의 문서와 대조해 보고 모두 다시 회합할 날을 정했다. 그 날은 소를 잡고 술을 걸러서 주연을 베풀었다.

술자리가 한창 벌어졌을 때, 증서를 내어 앞서와 마찬가지로 맞추어 보고 이자를 낼 만한 사람과는 서로 의논하여 원리금 반제할 기한을 정하고, 가난해서 이자를 낼 수 없는 사람에게는 그 차용증서를 불태워 버린 다음 이렇게 말했다.

「맹상군이 자기 영토의 백성들에게 돈을 꾸어 주었던 것은 자금이 없는 사람에게 자금을 주어 본업(本業)을 경영하도록 하기 위함이었소. 또 이자를 받는 것은 빈객을 대접할 자금이 모자랐기 때문이오. 이제 여러분이 본 바와 같이 부유한 사람에게는 반제할 기한을 약속 받았고, 가난한 사람의 증서는 불태워 버렸소. 여러분, 실컷 마시고 먹도록 하시오. 이런 군주가 있는데 어찌 그 뜻을 저버릴 수 있겠소!」

앉아 있던 사람들이 모두 일어나서 재배(再拜)했다.

설에서 돌아온 풍환에게 맹상군이 물었다.

「선생은 무엇을 사오셨소?」

풍환이 말했다.

「당신에게 지금 부족한 것은 은혜와 의리입니다. 차용증서를 불살라 당신을 위해 돈 주고 사기 힘든 은혜와 의리를 사가지고 왔습니다(此時馮驩曰 君之不足則恩義也 以燒借書爲君賣恩義來)」

이 말을 들은 맹상군은 매우 마땅찮은 기색이었다.

1년 후, 맹상군이 제나라의 새로 즉위한 민왕(泯王)에게 미움을 사서 재상 직에서 물러나자, 3천 명의 식객들은 모두 뿔뿔이 떠나버렸다. 풍환은 그에게 잠시 설에 가서 살라고 권유했다. 맹상군이 실의에 찬 몸을 이끌고 설에 나타나자 주민들이 환호하며 맞이했다. 맹상군이 풍환에게 말했다.

「선생이 전에 은혜와 의리를 샀다고 한 말뜻을 이제야 겨우 깨달았소」

풍환이 말했다.

「교활한 토끼는 구멍을 세 개나 뚫지요(狡兎三窟). 지금 공께서는 한 개의 굴을 뚫었을 뿐입니다. 따라서 아직 베개를 높이 베고 근심 없이 잠을 잘(高枕無憂) 수는 없습니다. 공을 위해 나머지 두 개의 굴도 마저 뚫어드리지요」

그래서 그는 위(魏)나라의 혜왕(惠王)을 설득하여 맹상군을 등용하면 부국강병(富國强兵)을 실현할 것이며, 동시에 제나라를 견제하는 힘도 될 수 있다고 역설했다. 마음이 동한 위의 혜왕이 금은보화를 준비하여 세 번이나 맹상군을 불렀지만, 그 때마다 풍환은 맹상군에게 응하지 말 것을 은밀히 권했다.

이 사실은 제나라의 민왕에게 알려지게 되었고, 아차 싶었던 민왕은 그제야 맹상군의 진가를 알아차리고 맹상군에게 사신을 보내 자신의 잘못을 사과하고 다시 재상의 직위를 복직시켜 주었다. 두 번째의 굴이 완성된 셈이다.

두 번째의 굴을 파는 데 성공한 풍환은 세 번째 굴을 파기 위해 제민왕을 설득, 설 땅에 제나라 선대의 종묘를 세우게 만들어 선왕(先王) 때부터 전승되어 온 제기(祭器)를 종묘에 바치도록 했다. 선대의 종묘가 맹상군의 영지에 있는 한 설혹 제왕의 마음이 변심한다 해도 맹상군을 함부로 대하지 못할 것이라는 계산에서였다.

「이것으로 세 개의 구멍이 되었습니다. 이제부터 주인님은 고침안면 하십시오」

이리하여 맹상군은 재상에 재임한 수십 년 동안 별다른 화를 입지 않았는데 이것은 모두 풍환이 맹상군을 위해 세 가지 보금자리를 마련한 덕이다. 이 고사는 불안한 미래를 위해 미리 준비를 해야 한다는 말로, 만반의 준비 뒤에는 뜻하지 않는 위기는 닥치지 않는다는 말이다.

69. 桓公匡合 濟弱扶傾 桓公匡合 济弱扶倾

환공광합 제약부경

❶ 桓(환) 公(공) 匡(광) 合(합)

❷ 烏(오) 孫(손) 公(공) 主(주)

❸ 訥(눌) 言(언) 敏(민) 行(행)

❹ 烏(오) 合(합) 之(지) 衆(중)

❺ 多(다) 士(사) 濟(제) 濟(제)

❻ 弱(약) 冠(관)

❼ 相(상) 扶(부) 相(상) 助(조)

❽ 傾(경) 國(국) 之(지) 色(색)

풀이

❶ 桓公匡合 (환공광합)

桓公匡合 굳셀 **桓** 귀인 **公** 바를 **匡** 모을 **合**

환공이 천하를 바로잡고 제후들을 끌어 모으다.

《천자문》에 있는 말이다.

「환공은 천하를 바로잡고 제후들을 규합하고, 약한 자를 구제하고 기울어가는 나라를 붙들어 주었다(桓公匡合 濟弱扶傾)」

주나라시대 양왕이 천자의 자리에 있었으나 이름뿐이고 다른 왕들에게 무시당하는 처지였다.

제환공

제환공(齊桓公)은 주(周)나라 양왕의 자리를 안정시켜 구제한 일을 해냈는데, 뭇 영웅 중에서 관중(管仲)이라는 영걸(英傑)을 얻어 환공이 그와 함께 9주(州)의 제후를 규합하여 일광천하(一匡天下)한 위업을 찬미하는 내용이다.

춘추시대에는 「패자(覇者)」로 활약한 사람들이 여럿 있었지만, 이 중 특히 막강한 권력과 뛰어난 능력을 보인 다섯 사람을 일컬어 「춘추오패(春秋五覇)」라고 했다. 이 춘추오패의 가장 윗자리를 차지하고 있는 사람이 바로 제(齊)나라 환공이다. 그 뒤를 이어 진(晋)나라 문공(文公), 진(秦)나라 목공(穆公), 초(楚)나라 장왕(莊王), 월(越)나라 구천(勾踐)

이 차례로 등장했다.

❷ 烏孫公主 乌孙公主 까마귀 烏 손자 孫 귀인 公 주인 主

(오 손 공 주)

정략결혼의 희생양이 된 슬픈 운명의 여인을 가리키는 말. 무제의 딸로 위장하여 오손에 시집 간 강도왕(江都王)의 딸 세군(細君)을 일컫는 말이다.

《한서(漢書)》 서역전(西域傳)에 있는 이야기다.

장건출사서역도(張騫出使西域圖)

오손은 전한 때의 서역지방에 할거하던 투르크(터키)계의 유목민족인데 한때 그 세력이 강대하여 천산(天山) 산맥 북쪽 이르츠크 호수로부터 일리 강 유역의 분지를 포함하였고, 수도는 적곡성(赤谷成)에 있었다.

그러나 당시 북방 몽골에 자리 잡고 있었던 흉노는 오손보다 훨씬 더 강대했었고 자주 한나라를 침범했기 때문에 무제는 흉노를 막기 위해 오손에 장건을 사신으로 보내 동맹을 맺었다. 그리고 10년 후 동맹을 더욱 강화하기 위해 무제의 형 강도왕의 딸 세군(細君)을 무제의 딸이라 속여 늙은 오손의 왕에게 시집보냈다.

그 결과 흉노는 한나라와 오손의 협공을 견디다 못해 서역은 물론 한나라의 변경으로부터 북방 멀리 쫓겨 가고 말았다. 그러자 그때까지 흉노의 지배하에 있던 서역 50여 국이 한나라를 상국으로 섬기게 되었고, 한나라는 이민족의 이반을 막기 위해 구자(龜玆 : 쿠차)에 감독 사찰기관으로서 서역도호부(西域都護府)를 두게 되었다.

세군공주출새도(細君公主出塞圖)

건국 이후 백여 년 이상 시달려 온 흉노의 침략으로부터 벗어난 것이다. 그러나 흉노의 위협으로 벗어나게 한 일등공신이 된 세군은 말도 통하지 않는 이역의 땅에서 망향의 노래를 부르며 슬프게 살다가 젊은 나이에 죽었다고 한다.

❸ 訥言敏行 (눌언민행)

讷言敏行 말더듬을 **訥** 말씀 **言** 빠를 **敏** 행실 **行**

{이 항(匡)은 글자 특성상 고사성어 열매가 열리 않아 이 고사성어로 대체했다}

말은 과묵하지만, 행동은 민첩하다.

「말은 더디지만 행동은 민첩하다」라는 뜻으로, 언어에는 과묵하지만 자기개혁이나 선행에는 민첩하다는 말이다. 본래 유가(儒家)에서는 배우는 사람의 자세로서 「눌언민행」 해야만 스승의 가르침을 제대로 따를 수 있다는 것이다.

《논어》 이인편에서 공자는 이렇게 말했다.

「군자는 말하는 데는 둔하여도 실천하는 데는 민첩해야 한다(君子欲 訥於言 而敏行)」

이 말은 논어의 여러 곳에서 언급하고 있다.

공자는 자신의 수제자로 아끼던 안회(顔回)를 《논어》 위정(爲政)편에서 이렇게 말하고 있다.

「내가 안회와 종일토록 이야기를 하여도 어기지 않음이 바보 같다(吾與回言終日 不違如愚)」

안회가 겉보기는 그러하지만, 마음속으로는 내가 한 말을 충분히 터득하고 있을 터이다 하고 평가한 말의 한 구절이다.

배우는 사람은 스승과 논쟁하거나 자신의 주장을 내세워 스승의 가르침과 대립해서는 안 된다는 것이 과거 성현들의 가르침이었다. 여기서는 말만 번지르르하고 행동이 이에 따르지 못하는 그런 사람들에 대한 경계로 보아야 할 것이다.

❹ 烏合之衆 (오합지중) 乌合之众 까마귀 **烏** 모일 **合** 의 **之** 무리 **衆**

갑자기 모인 훈련 없는 군사. 규칙도 없고 통일성도 없는 군중.

「오합지중」은 까마귀 떼처럼 모인 통제 없는 무리란 뜻이다. 중(衆)은 군대를 뜻하기 때문에 「졸(卒)」이라고 말하기도 한다.

《사기》 역생육고열전에는 역이기가 한패공 유방이 진나라로 쳐들어가려 했을 때 한 말 가운데 이런 것이 있다.

「귀하께서 규합한 무리들을 일으키고, 흩어진 군사들을 거두어도 만 명이 차지 못하는데, 그것으로 강한 진나라로 곧장 들어가려고 한다면, 이것이야말로 호랑이의 입을 더듬는 것입니다(足下起糾合之衆 收散亂之兵 不滿萬人 欲以徑入强秦 此所謂探虎口者也)」

역이기

이 「규합지중(糾合之衆)」은 어떤 책에는 「오합지중」으로 나와 있고, 어떤 책에는 「와합지중(瓦合之衆)」으로 나와 있다. 결국 오합이든 규합이든 와합이든 마찬가지 뜻으로 통제가 되지 않는 마구잡이로 끌어 모은 그런 사람이나 군대를 말한 것이다.

분명하게 「오합지중」이라고 씌어 있는 것은 《후한서》 경엄전(耿弇傳)에 나온다. 경엄이 군대를 이끌고 유수(劉秀 : 후한 광무제)에게 달려가고 있을 때, 그의 부하 가운데, 유수의 밑으로 가지 말고 왕랑(王郞)의 밑으로 가자고 권하는 사람이 있었다.

그러자 경엄은 그들을 꾸짖는 가운데 이런 말을 했다.

「우리 돌격대로써 왕랑의 오합지중을 짓밟기란 마른 나뭇가지 꺾는 거나 다를 것이 없다(發突騎以轔烏合之衆 如摧枯折腐耳)」

⑤ 多士濟濟 (다사제제) 多士済済 많을 多 선비 士 많고 성할 濟

여러 선비가 모두 다 뛰어남. 훌륭한 인재가 많음.

《시경》 대아 문왕편에 나오는 말이다. 이 시는 문왕의 덕을 찬양한 7장으로 된 시인데, 그 제3장에 이렇게 노래하고 있다.

문왕께서 위에 계셔, 하늘 밝게 빛나니
주(周)는 비록 오래된 나라이나, 그 명(命)은 오히려 새롭도다.
주가 아직 나타나지 않은 것은 때가 아직 이르지 않은 때문이나
문왕(文王)이 하늘에 오르내리니, 상제께서 좌우에 계시니라.
문왕이 매우 부지런하시어 칭송이 끊이지 않으니,
주나라에 많은 복 펴시어, 문왕의 자손들 이를 누리시다.
문왕 자손들이 백 대토록 번성하시며,
무릇 주나라의 선비들도 또한 대대로 드러나지 않으리라!
대대로 나타나지 않았던가 그 꾀하는 일은 조심스러웠다.
그리고 훌륭한 많은 선비들이 이 왕국에 났다.
왕국이 능히 낳았으니 이들이 주나라의 받침대다.
제제한 많은 선비여 문왕이 그들로써 편안하도다.

文王在上 於昭于天　　문왕재상 어소우천
周雖舊邦 其命維新　　주수구방 기명유신
有周不顯 帝命不時　　유주불현 제명불시
文王陟降 在帝左右　　문왕척항 재제좌우
亹亹文王 令聞不已　　미미문왕 영문불이
陳錫哉周 侯文王孫　　진석재주 후문왕손

文王孫子 本支百世　　문왕손자 본지백세
凡周之士 不顯亦世　　범주지사 불현역세
世之不顯 厥猶翼翼　　세지불현 궐유익익
思皇多士 生此王國　　사황다사 생차왕국
王國克生 維周之楨　　왕국극생 유주지정
濟濟多士 文王以寧　　제제다사 문왕이녕

쉽게 풀이하면, 문왕의 거룩한 덕이 대대로 후세에까지 빛나고 있어, 그가 계획한 모든 일이 조심스럽게 지켜져 오고 있다. 훌륭한 많은 인재들이 이 왕국에 태어나서 그들이 이 왕국을 떠받드는 기둥이 되어 왔다. 이렇게 「제제(濟濟)」한 많은 인재들이 있기 때문에 문왕의 혼령도 편히 계시게 되었다는 뜻이다.

「제제」는 많고 성한 모양을 말하는 형용사다.

주문왕

❻ 弱冠(약관)　弱 冠　　어릴 **弱** 갓 **冠**

스무 살을 「약관」이라고 한다. 약년(弱年)이니 약령(弱齡)이니 하는 것도 모두 스무 살을 말한다.

약(弱)은 부드럽다는 뜻인데, 기골이 완전히 성숙하지는 않았지만, 사람 구실을 할 수 있게 되었다는 의미다. 관(冠)은 성년이 되면 관례(冠禮)를 올려 한 사람의 성인으로 대우하는 의식을 갖추었다. 이 두 말이 합쳐서 성구가 된 것이다.

이 말은 오경의 하나인 《예기》 곡례편에 있는 말이다.

사람이 나서 10년을 말하여 유(幼)라 한다. 이때부터 글을 배운다.

스물을 말하여 약(弱)이라 한다. 갓을 쓴다.

서른을 말하여 장(壯)이라 한다. 집(室 : 妻)을 갖는다.

마흔을 말하여 강(强)이라 한다. 벼슬을 한다.

쉰을 말하여 애(艾)라 한다. 관정(官政)을 맡는다.

예순을 말하여 기(耆)라 한다. 가리켜 시킨다.

일흔을 말하여 노(老)라 한다. 전한다(자식에게).

여든, 아흔 살을 말하여 모(耄)라 하고, 일곱 살을 도(悼)라 하는데, 도와 모는 죄가 있어도 형벌을 더하지 않는다.

백 살을 말하여 기(期)라 한다. 기른다.

「약관」이란 말은 약과 관을 합쳐서 된 말인데, 여기에 나오는 표현들은 상당히 과학적인 근거를 가진 느낌을 준다. 즉 열 살은 어리다고 부르는데, 이때부터 공부를 시작하게 된다. 스무 살은 아직 약한 편이지만, 다 자랐으므로 어른으로서 갓을 쓰게 한다.

서른 살은 완전히 여물 대로 여문 장정이 된 나이므로 이때는 아내를 맞아 집을 가지고 자식을 낳게 한다. 마흔 살은 뜻이 굳세어지는 나이다. 올바른 판단을 할 수 있으므로 벼슬을 하게 된다.

쉰 살은 쑥처럼 머리가 희끗해지는 반백의 노인이 되는 시기다. 이때는 많은 경험과 함께 마음이 가라앉는 시기이므로 나라의 큰일을 맡게 된다.

예순 살은 기(耆)라 하여 늙은이의 문턱에 들어서는 나이므로 자기가 할 일을 앉아서 시켜도 된다.

일흔 살은 완전히 늙었으므로 살림은 자식들에게 맡기고 벼슬은 후배들에게 물려준 다음 자신은 은퇴하게 된다. 이 기와 노를 합쳐서 「기로(耆老)」라고도 한다.

여든·아흔이 되면 기력이 완전히 소모되고 있기 때문에 모(耄)라 한다. 그리고 일곱 살까지를 가엾다 해서 도(悼)라고 하는데, 여든이 넘은 늙은이와 일곱 살까지의 어린아이는 죄를 범해도 벌을 주지 않는다.

백 살을 기(期·紀)라고 하는데, 남의 부축을 받아가며 먹고 입고 움직이게 된다 하는 내용이다.

태어나서 죽을 때까지의 삶의 주기를 10년 단위로 나누어 이름을 붙여 놓았다. 신체와 정신의 발육 정도와 경험의 축적 정도에 따라서 할 수 있는 일의 범주를 구분한 것이다. 반드시 모든 사람이 여기에 적용될 수 있는 것은 아니겠지만, 한번 되새겨 볼 만한 구분이라고 하겠다.

❼ 相扶相助 (상부상조) 相扶相助 서로 **相** 도울 **扶** 도울 **助**

서로서로 도움.

❽ 傾筐倒篋 (경광도협) 傾筐倒篋 기울 **傾** 광주리 **筐** 엎을 **倒** 상자 **篋**

광주리를 기울이고 상자를 엎는다는 뜻으로, 가진 것을 남김없이 다

내놓아 극진히 환대함을 이르는 말.

진(晉)나라의 태위(太尉) 치감(郗鑒)에게는 재색을 겸비한 딸이 있었다. 치감은 그 딸을 애지중지하며 훌륭한 배필을 구해 주려고 했다. 그는 백방으로 수소문한 결과 재상 왕도(王導)의 아들들이 이목구비가 뚜렷하고 총명하다는 사실을 알게 되었다. 그래서 그는 그의 문생(문하생)에게 왕도의 집으로 가서 아들들의 면모를 하나하나 꼼꼼히 살펴보고 오도록 하였다.

왕희지

왕도의 자식들 또한 치감의 딸이 훌륭한 규수(閨秀)임을 익히 알고 있었다. 그녀의 집에서 사람이 온다는 소식을 듣자 모두들 최대한 잘 보여 사위로 뽑히고 싶어 긴장하였다.

단지 한 아들만은 이 일에 관심이 없다는 듯이 평소 하던 대로 행동하였다. 그는 문생이 와서 지켜보는데도 개의치 않고 침상에서 배를 드러내놓고 음식을 먹었다. 이들을 관찰한 후 돌아온 문생은 치감에게 이들의 면모를 구체적으로 보고했다. 그러자 치감이 말했다.

「바로 그 배를 드러내고 음식을 먹은 이가 내 사윗감일세」

그가 바로 후대에 서성(書聖)으로 이름을 떨친 왕희지(王羲之)였던 것이다. 치감의 딸은 왕희지와 혼례를 올렸다. 그 후 친정으로 놀러왔다가 남동생에게 이렇게 말하였다.

「왕가(王家)의 사람들은 사안(謝安)과 사만(謝萬)이 오면 즉시 광주리와 시렁 속에 있던(傾筐倒篋) 음식을 꺼내 극진히 대접하면서도, 너희들이 오면 평상시처럼 대접하니 다음부터 번거롭게 왕씨 댁에 내왕하지 않도록 해라」

사 안

여기서 사안은 일찍부터 왕희지와 풍류자적(風流自適)을 즐겼으며, 행서(行書)를 잘하였으며, 마흔이 넘어서 출사(出仕)하였는데, 재상의 자리까지 올랐다.

이 이야기에서 유래하여 자기가 가지고 있던 모든 것을 남김없이 다 내놓는다든가, 말을 숨기지 않고 다 하는 것을 일러 「경광도협(傾筐倒篋)」이라고 한다.

70. 綺回漢惠 說感武丁 (기회한혜 설감무정) 绮回汉惠 说感武丁

❶ 綺(기) 回(회) 漢(한) 惠(혜)

❷ 起(기) 死(사) 回(회) 生(생)

❸ 門(문) 外(외) 漢(한)

❹ 惠(혜) 而(이) 不(불) 費(비)

❺ 痴(치) 人(인) 說(설) 夢(몽)

❻ 隔(격) 世(세) 之(지) 感(감)

❼ 武(무) 陵(릉) 桃(도) 源(원)

❽ 目(목) 不(불) 識(식) 丁(정)

풀이

❶ 綺回漢惠 (기회한혜) 绮回汉惠 비단 **綺** 돌아올 **回** 한수 **漢** 은혜 **惠**

기리계는 한(漢)나라 혜제를 제자리로 돌려놓았다.

현인(賢人) 기리계(綺里季)로 인해 혜제(惠帝)가 황제의 자리를 지킬 수 있었다는 말이다.

《천자문》에 있는 말이다.

「기리계는 한(漢)나라 혜제를 제자리로 돌려놓았고, 부열은 상(商 : 殷)나라 임금 무정을 감동시켰다(綺回漢惠 說感武丁)」

한고조 유방(劉邦)은 여후(呂后)의 몸에서 난 아들 즉 후일의 혜제(惠帝)를 태자로 삼았으나 뒤에 척부인(戚夫人)을 사랑한 나머지 그의 소생인 조왕(趙王) 여의(如意)를 태자로 삼으려고 했다.

상산사호(清 화가 황신)

여후는 장량(張良)의 계책에 따라 동원공(東園公), 기리계(綺里季), 하황공(夏黃公), 녹리선생(角里先生) 등 이른바 상산사호(商山四皓)의 조력을 얻어 한고조의 마음을 돌려 혜제의 지위를 확보했다. 상산사호란 한나라가 개국하기 전 진시황 때 혼란스러운 세상을 피해 섬서성 상산(商山)에 은둔해 산 네 사람의 현인을 말한다. 「사호(四皓)」는 이 네 사람이 모두 눈썹과 수염이

흰 노인들이어서 붙여진 말이다.

무 정

무정 임금은 즉위하면서부터 쇠약해진 상(商)왕조를 부흥시킬 생각에 몰두했다. 그러나 무정은 자신을 도와줄 현신(賢臣)을 얻지 못해 그 뜻을 이룰 수 없었다. 무정의 소망이 얼마나 간절했던지 매일 밤마다 꿈속에서 자신을 보좌할 현인(賢人)을 만났는데, 꿈속에 나타난 이는 열(說)이라는 사람이었다.

무정은 꿈속에서 만난 현인을 찾고자 모든 대신과 신하들을 유심히 살펴보았으나 허사였다.

그러던 어느 날 부험(傅險)이라는 곳을 찾게 되었는데, 그곳에서 길을 닦고 있던 죄수 신분의 열(說)이라는 사람을 찾게 되었다. 그를 본 무정은 자신이 꿈속에서 본 바로 그 사람이라면서 얘기를 나누었다. 그리고 그가 숨어 있는 현인이라는 것을 알게 되었고 즉시 자신의 재상으로 삼아 상(은)나라를 다스리게 했다. 그리고 이때부터 상나라는 태평성대의 치세(治世)를 맞게 되었다.

무정은 갑골(甲骨)에도 그 이름이 자주 등장하는 제왕이다.

❷ 起死回生 (기사회생)

起死回生 일어날 **起** 죽을 **死** 돌아올 **回** 날 **生**

죽을 목숨을 다시 살려낸다는 뜻으로, 위기에 처한 상황에서 구원하여 사태를 호전시킴을 이르는 말이다.

춘추시대 노(魯)나라 애공(哀公) 원년에, 오왕(吳王) 부차(夫差)는 3년 전 부왕(父王) 합려(闔閭)가 월왕(越王)에게 패하여 죽었던 원수를 갚다가 다리에 중상을 입었지만 월왕 구천(勾踐)과의 싸움에서 승리하였다.

월왕 구천의 검

노나라의 좌구명(左丘明)이 저술한 《국어(國語)》 오어(吳語)편에 다음과 같은 이야기가 실려 있다.

월나라의 대부(大夫) 종(種)은 구천에게 오나라에 화약(和約)을 청하도록 했고, 구천은 이를 받아들여 대부 제계영(諸稽郢)에게 오나라로 가서 화평을 청하도록 했다. 그런데 부차가 이보다 앞서 오왕 합려를 죽게 하였음에도 월나라에게 은혜를 베풀어 용서를 하면서 이렇게 말하였다.

「죽은 사람을 일으켜 백골에 살을 붙임이로다(起死人而肉白骨也). 내 어찌 하늘의 재앙을 잊지 못하고, 감히 군왕의 은혜를 잊겠는가?」

오왕 부차는 월나라에 대하여 죽은 사람을 되살려 백골에 살을 붙인 것과 같은 큰 은혜를 베풀었던 것이다. 진(秦)나라 재상 여불위(呂不韋)가 시켜 편록한 《여씨춘추》 별류(別類)편에서 이렇게 말했다.

「노나라 사람 공손작이 『나는 죽은 사람을 살릴 수 있다(魯人公孫綽曰 我可活死人也)』 사람들이 방법을 물어보니, 『나는 반신불수를 고칠 수 있다(人問其方 我可治半身不隨). 반신불수를 고치는 약을 배로

부차가 아버지 합려의 무덤에 세운 호구탑

늘리면 그것으로 죽은 사람을 살릴 것(治半身不隨之藥倍增 以是起死回生矣)』이다」

여기서 「기사회생」이라는 말이 유래되었으며, 이 말은 우리 주위에서도 자주 인용되고 있다.

❸ 門外漢(문외한) 门外汉 문 **門** 바깥 **外** 한수, 한나라 **漢**

어떤 일에 바로 관계가 없는 사람. 어떤 일에 전문적 지식이나 조예(造詣)가 없는 사람.

❹ 惠而不費(혜이불비) 惠而不费 은혜 **惠** 말이을 **而** 아닐 **不** 쓸 **費**

널리 은혜를 베풀되 낭비할 정도로 마구 베풀지는 않는다는 뜻으로, 중용(中庸)의 의미가 담겨 있는 말이다. 사람들의 어려움을 헤아려 도움을 주되 어떤 기준이나 근거도 없이 마구 베푸는 것은 도움을 주지 않는 것과 마찬가지라는 뜻도 담고 있다.

《논어》 요왈(堯曰)편에 있는 말이다.

자장(子張)이 정치에 종사할 수 있는 방법을 묻자, 공자는 5가지 미덕을 존중하고, 4가지 악덕을 물리칠 수 있다면 마땅히 정치에 종사할 수 있다고 대답하였다. 자장이 다시 5가지 미덕이 무엇인지를 묻자 공자가 답하기를, 「은혜롭되 낭비하지 않고, 수고로운 일을 시키면서도 원망을 듣지 않고, 원하되 탐내지 않으며, 태연하되 교만하지 않고, 위엄이 있으되 사납지 않다(惠而不費 勞而不怨 欲而不貪 泰而不驕 威而不猛)」고 하였다.

자 장

이어 자장이 「혜이불비」가 무엇인지를 묻자, 공자는 백성에게 이익이 되는 것을 좇아 그들을 이롭게 하는 것이 바로 「은혜를 베풀면서도 낭비하지 않는 것」이라고 대답하였는데, 「혜이불비」는 바로 여기서 유래한 것이다.

❺ 痴人說夢(치인설몽) 痴人说梦 어리석을 **痴** 사람 **人** 말할 **說** 꿈 **夢**

「바보에게 꿈 이야기를 해준다」는 뜻으로, 어리석기 짝이 없는 짓, 또는 어리석은 사람이 허황한 말을 늘어놓는 일을 비유하거나, 설명이 요령부득으로 이야기가 상대편에게 이해되지 않음을 비유하는 말이다. 그런데 이 말이 처음 쓰였을 때는 어리석은 사람이 꿈 이야기를 한다는 뜻이 아니고, 어리석은 사람에게 꿈 이야기를 해준다는 뜻이었다. 즉 꿈에 본 이야기를 하면 어리석은 사람은 그것을 사실인 줄 알고 엉뚱하게 전한다는 것이다.

치인(痴人)은 어리석어도 보통 어리석은 것이 아니고 천치니 백치니 하는 바보를 말하는 것이다. 그러나 글자 그대로의 해석 여부에 관계없이 말하는 사람의 어리석음을 비웃는다는 뜻이 아니고, 듣는 사람의 어리석음을 풍자하는 것이다. 남송의 중 혜홍(慧洪)이 지은 《냉제야화》에 다음과 같은 이야기가 있다.

당나라 고종 용삭(龍朔) 연간(661～663), 서역의 고승 승가(僧伽)가 지금의 안휘성 근처를 여행했을 때다. 그의 모습과 행동거지가 남다른 것이 많았기 때문에 어떤 사람이,

「당신은 성(姓)이 무엇(何)이오?」하고 묻자,

「내 성은 무엇이오」하고 대답했다.

「어느 나라 사람이오(何國人)」하고 묻자,

「어느 나라 사람입니다(何國人)」하고 대답했다.

즉 상대편이 「하성(何姓)이오?」하고 물으면, 묻는 말을 그대로 받아 대답하고, 「하국인이오?」하고 물으면, 그대로 받아 「하국인이오」하고 대답한 것이다.

이옹이 쓴 비문

뒷날 당나라의 문인 이옹(李邕)이 승가를 위해 비문을 썼을 때, 그는 승가가 농담으로 받아넘긴 대답인 줄을 모르고 비문에 쓰기를, 「대사의 성은 하(何)고, 하국 사람이었다(大師姓何　何國人)」고

했다는 것이다. 이상과 같은 이야기를 쓴 다음, 혜홍은 이옹에 대해 이렇게 평을 내리고 있다.

「이것이 바로, 이른바 어리석은 사람을 대해 꿈 이야기를 한다는 것이다(此正所謂對痴人說夢耳). 이옹은 마침내 꿈을 참인 줄로 생각하고 있었으니, 참으로 그보다 더 바보일 수가 없다」

여기서는 사실이 아닌 것을 사실인 양 아는 것을 「치인설몽」이라 말하고 있다. 그러나 보통 우리가 쓰고 있는 것은 바보가 꿈 이야기를 하고 있다는 뜻으로 쓰고 있다. 우리가 흔히 종잡을 수 없는 말을 들었을 때 「이 사람이 꿈을 꾸고 있나」 하는 말을 한다. 보통 사람도 꿈 이야기는 상식으로 판단하기 어렵다. 바보의 꿈 이야기는 몇 배로 더할 것이 아닌가. 그래서 생긴 문자일지도 모른다.

❻ 隔世之感(격세지감) 隔世之感 사이 뜰 **隔** 세상 **世** 어조사 **之** 느낄 **感**

진보와 변화를 많이 겪어서 다른 세상과 같은 느낌이라는 뜻이다.

오래 지나지 않았으나 세상이 예전과 크게 달라졌다고 여겨지는 느낌이라는 뜻이다. 세상이 아주 많이 바뀌어서 다른 세대(世代)가 된 느낌이나 세대 사이에 사고방식이 매우 차이 난다고 느껴지는 것을 말한다.

고려 말, 조선 초의 성리학자로서 고려에 대한 절의(節義)를 지킨 길재(吉再)가 지은 시조에는 이러한 격세지감이 잘 나타나 있다.

오백년 도읍지를 필마로 돌아드니
산천은 의구한데 인걸은 간 데 없네

어즈버 태평연월이 꿈이런가 하노라

고려가 멸망한 뒤 길재가 수도 송도(松都 : 지금의 개성)를 돌아보고 산천의 모습은 옛날 그대로인데 인걸(人傑)은 간데없고 태평 성대했던 고려시대가 꿈인 것처럼 회상하며 세상이 예전에 비해 크게 바뀌어 달라졌다는 느낌을 표현하였다.

격세지감은 세상을 거른 듯한 느낌이라는 뜻으로, 세월이 흘러 환경의 큰 변화에 따라 아주 바뀌어서 딴 세상처럼 여겨지는 느낌을 가리킨다.

❼ 武陵桃源(무릉도원) 武陵桃源 호반 **武** 언덕 **陵** 복숭아 **桃** 근원 **源**

이 세상과 따로 떨어진 별천지.

이것은 유명한 도연명(陶淵明, 365~427)의 「도화원기」에서 비롯된 말이다. 줄거리만을 소개하면 다음과 같다.

진(晋)나라 태원(太元, 376~396) 연간의 일이다. 무릉(武陵 : 호남성 상덕, 동정호 서쪽 원수沅水가 있는 곳)의 한 어부가 시냇물을 따라 무작정 올라가던 중, 문득 양쪽 언덕이 온통 복숭아 숲으로 덮여 있는 곳에 와 닿았다. 마침 복숭아꽃이 만발해 있을 때라 어부는 노를 저으며 정신없이 바라보고 있었다. 복숭아 숲은 가도 가도 끝이 없었다. 꽃잎은 푸른 잔디 위로 펄펄 날아 내렸다.

대체 여기가 어디란 말인가, 이 숲은 어디까지 계속되는 걸까? 이렇게 생각하며 노를 저어 가는 동안, 마침내 시냇물은 근원까지 오자 숲도 함께 끝나 있었다. 앞은 산이 가로막혀 있고, 산 밑으로 조그마한 바위굴이 하나 있었다. 그 굴속으로 뭔가가 빛나고 있는 것 같았다. 가만히 다가가서 보니, 겨우 사람이 통과할 수 있게 뚫린 굴이었다. 어부는 배를 버려둔 채 굴을 더듬어 안으로 들어갔다.

이윽고 앞이 탁 트인 들이 나타났다. 보기 좋게 줄을 지어 서 있는 집들, 잘 가꾸어진 기름진 논밭, 많은 남녀들이 즐거운 표정으로 들일에 바빴다. 이곳을 찾은 어부도, 그를 맞는 사람들도 서로 놀라며 어찌된 영문인지 까닭을 물었다. 마을 사람들은 옛날 진(秦)나라의 학정을 피해 처자를 데리고 이 속세와 멀리 떨어진 곳으로 도망쳐 온 사람들의 후손들이었다. 그들은 조상들이 이리로 찾아온 뒤로 밖에 나가 본 일이 없이 완전히 외부 세계와는 접촉이 중단되어 있었다. 지금은 도대체 어떤 세상이 되어 있느냐고 마을 사람들은 묻고 또 물었다.

유자기가 찾아 나섰던 무릉도원 상상도

마을 사람들의 환대를 받으며 며칠을 묵은 어부는 처음 왔던 길의 목표물을 기억해 가며 집으로 돌아오자, 곧 이 사실을 태수에게 고했다. 태수는 얘기를 듣고 사람을 보내 보았으나, 어부가 말한 그런 곳을 발견할 수가 없었다.

유자기(劉子驥)라는 고사(高士)가 이 소식을 듣고 찾아 나섰으나 뜻을 이루지 못하고 도중에 병으로 죽고 말았다. 그 뒤로 많은 사람들이 복숭아꽃 필 때를 기다려 찾아가 보았으나, 무릉도원 사람들이 속세의 사람들이 찾아오는 것을 막기 위해 다른 골짜기에까지 많은 복숭아나무를 심어 두었기 때문에 끝내 찾을 수가 없었다고 한다.

무릉도원은 조정의 간섭은 물론, 세금도 부역도 없는 별천지였다. 그래서 속세와 떨어져 있는 별천지란 뜻으로 무릉도원이란 말을 쓰게 되었다.

⑧ 目不識丁 (목불식정) 目不识丁 눈 **目** 아닐 **不** 알 **識** 고무래 **丁**

배운 사람이 무지한 행동을 함의 비유. 한자 중에서 쉬운 글자인 고무래 정자(丁)도 알아보지 못한다는 뜻으로, 한 글자도 읽을 수 없을 정도로 아는 것이 없음을 비유적으로 이르는 말이다. 고무래는 곡식이나 재를 긁어모으거나 펼칠 때 사용하는 「丁」자 모양의 기구이다. 매일 사용하는 기구가 「丁」자인 줄도 모르는 무식함을 비유한다.

우리 속담에 「낫 놓고 기역자도 모른다」는 말과 뜻이 통하는 말이다.

《구당서(舊唐書)》에 있는 이야기다.

당(唐)나라 때 지방에 절도사로 파견된 장홍정(張弘靖)이라는 사람이 있었다. 그는 음직(蔭職 : 과거를 거치지 않고 조상의 혜택으로 얻은 관직)으로 벼슬길에 올라 노룡절도사(盧龍節度使)가 되어 유주(幽州 : 지금의 북경)에 부임하였다. 그곳은 국경지역이기 때문에 대장과 사병들은 생사고락을 같이하면서 검소한 생활을 하였다.

그러나 홍정은 그런 풍토를 알지 못한 채 군대를 순찰할 때도 교자(轎子)를 탔고, 더욱이 그의 종사관들은 대장의 위세를 믿고 방약무인

(傍若無人)한 행동은 걷잡을 수 없었다.

보다 못한 주위 사람들이 이를 간하기라도 하면, 「글자도 모르는 목불식정(目不識丁)한 놈들 같으니라고!」 하고 오히려 면박을 주기 일쑤였다. 마침내 참다못한 부하 관리들이 반란을 일으켜 장홍정을 잡아 가두었다. 이 소식을 들은 황제는 장홍정의 직책을 박탈하고 이렇게 말했다.

목불식정

「그놈이야말로 목불식정이로구나!」

제대로 배우지 않아 아는 것이 없으면 그만큼 세상을 보는 눈이 좁아진다는 말이다. 그러나 배웠으면서도 무지한 행동을 하는 것은 한층 더 나쁘다. 「목불식정」은 배움이 없다는 뜻보다는 오히려 배운 사람이 무지한 행동을 하는 것을 가리켜 한 말이다.

71. 俊乂密勿 多士寔寧 俊乂密勿 多士寔宁

(준예밀물 다사식녕)

❶					준 俊	걸 傑		
❷				준 俊	예 乂	밀 密	물 勿	
❸					밀 密	운 雲	불 不	우 雨
❹		과 過	즉 則		물 勿	탄 憚	개 改	
❺					다 多	기 岐	망 亡	양 羊
❻				국 國	사 士	무 無	쌍 雙	
❼		다 多	사 士		식 寔	녕 寧		
❽	수 壽	복 福	강 康		녕 寧			

풀이

❶ 俊傑 (준걸) 俊杰

준걸 俊 뛰어날 傑

뭇사람보다 크게 뛰어난 사람. 1만 명 중에서 뛰어나면 영(英), 1천 명에서 뛰어나면 준(俊), 백 명에서 뛰어나면 호(豪), 열 명에서 뛰어나면 걸(傑)이라 함. 《회남자(淮南子)》 수무훈(脩務訓).

《삼국지(三國志)》 촉지(蜀志)에 있는 말이다.

「뛰어난 사람은 그 시대에 시급히 하여야 할 일을 안다(識時務者在乎俊傑)」

❷ 俊乂密勿 (준예밀물) 俊乂密勿

준걸 俊 풀 벨 乂 빽빽할 密 말 勿

준걸(俊傑)과 재사(才士)가 조정에 모여 빽빽함.

《천자문》에 있는 말이다.

「재주와 덕이 뛰어난 인재들이 모여 힘써 일하니, 수많은 선비가 있어 나라가 평안하다(俊乂密勿 多士寔寧)」

부 열

부열(傅說)·태공망·이윤·주공·환공 및 상산사호(常山四虎 : 기리계·동원공·하황공·녹리선생) 등과 같은 준예다사(俊乂多士)를 언

상산사호도

은 임금은 반드시 왕업(王業)과 함께 그 이름을 역사에 남길 수 있었다. 어떤 신하를 만나 어떻게 가르침과 보좌를 받느냐에 따라, 군주들의 운명은 이렇듯 엇갈렸던 것이다.

동서고금을 막론하고 나라가 융성하려면 통치자를 잘 보필하는 현자, 준예다사가 있어야 한다. 명군에게는 반드시 명신이 있고 명신이 있었던 때에는 국태민안(國泰民安)이 이루어졌다.

❸ 密雲不雨 (밀운불우)

密云不雨　빽빽할 **密** 구름 **雲** 아닐 **不** 비 **雨**

「구름은 잔뜩 끼었지만 비는 오지 않는다」는 뜻으로, 일의 징조만 있고 일은 이루어지지 않음을 이르는 말이다. 《주역》 소축괘에 다음과 같은 말이 있다.

「먹구름은 잔뜩 끼어 있지만 비가 오지 않으니 나 스스로 서쪽 교외로 나간다(密雲不雨 自我西郊)」

「단전(彖傳)」에서는 이 뜻을 풀이해 「『밀운불우』는 아직도 가고 있다는 뜻이다. 『자아서교(自我西郊)』는 베품이 아직 시행되지 않았다는 뜻이다」라고 하였다.

또 소과괘(小過卦)의 육오(六五)에서는 「먹구름은 잔뜩 끼었지만 아직 비가 오지 않으니 나 스스로 서쪽 교외로 나간다. 공께서 줄을 맨

화살로 굴속에 있는 그를 취한다. 상(象) 왈 밀운불우는 이미 높은 곳에 처해 있다(密雲不雨 自我西郊 公弋取彼在穴 象曰 密雲不雨 已上也)」라고 하였다.

이 이야기는 주(周)나라 문왕(文王)이 주(紂)의 폭정을 간하다가 오히려 박해를 받은 뒤에 임금이 나라를 바로 다스리지 못하면 나부터라도 솔선수범해서 백성을 위하겠다는 의지를 표명한 것이다. 덕치를 베풀 수 있는 모든 조건을 문왕 자신은 갖추고 있지만 자신이 임금이 아니기 때문에 참람(僭濫)하지만 덕치로써 자임하겠다는 말이다.

❹ 過則勿憚改 (과즉물탄개)

过则勿惮改

허물 **過** 곧 **則** 말 **勿** 꺼릴 **憚** 고칠 **改**

잘못이 있으면 즉시 고치기를 꺼리지 말라.

《논어》 학이편에 나오는 말로, 잘못을 고친다는 개과(改過)도 여기서 나온 것이다. 잘못을 저질렀다고 후회만 하지 말고 그것을 빨리 바로잡아야만 다시는 같은 잘못을 저지르지 않는다는 뜻이다. 남의 이목을 두려워해서 이것을 얼버무린다든가 감추려고 한다면 다시 과오를 저지르는 잘못을 범한다는 말이다. 공자는 군자의 수양에 대해 이렇게 말한 적이 있다.

「군자는 진중하지 않으면 위엄이 없고, 학문을 익혀도 견고하지 못하며, 오직 충성과 믿음으로 중심을 삼되 자기만 못한 사람은 사귀지 않으며, 허물이 있으면 이를 고치기를 주저하지 않는다(君子不重則不威 學則不固 主忠信 無友不如己者 過則勿憚改)」

과실에 대한 이러한 자기반성은 유교에서 「천선(遷善 : 선으로 옮겨

감)」, 「진덕(進德 : 덕으로 나아감)」의 자기수양으로 중시되어 왔다. 자기의 잘못을 잘 아는 것도 어려운 일이지만, 그것을 곧 깨닫고 고쳐 나가는(改過) 과단과 솔직은 한층 더 어려운 일이다.

공 자

그러므로 공자는 허물 고치기를 꺼려하지 말라고 곳곳에서 강조하고 있는 것이다. 특히 왕수인(王守仁) 같은 유학자는, 「현자(賢者)라 하더라도 잘못이 없을 수 없지만, 그가 현자가 될 수 있는 까닭은 바로 능히 잘못을 고치는 데 있다」라고까지 개과를 강조하고 있다.

❺ 多岐亡羊 (다기망양) 多岐亡羊 많을 多 갈림길 岐 잃을 亡 양 羊

학문의 길이 너무 다방면으로 갈리어 진리를 얻기 어려움.

「다기망양」은 갈림길이 많아서 양을 찾지 못하고 말았다는 이야기에서 나온 말이다. 학문이나 어떤 재주를 배우는 데 있어서도 그 배우는 방법이 지나치게 여러 가지가 있거나, 지엽적인 것에 구애를 받게 되면 얻으려던 것을 얻지 못하게 된다.

양자(楊子)의 이웃사람이 양을 한 마리 잃어버렸다. 그 집에서는 집 사람들은 물론 양자의 집 하인아이까지 빌어 찾아 나서게 했다.

「양 한 마리 달아났는데, 웬 사람이 그렇게 많이 찾아나서는 거지?」 하고 양자가 묻자, 이웃 사람은 「갈림길이 많기 때문입니다」 하고 대답했다. 얼마 후 그들이 돌아왔기에, 「양은 찾았는가?」 하고 물었더니, 「놓치고 말았습니다」 하는 것이었다.

「왜 놓쳤지?」

「갈림길에 또 갈림길이 있어, 양이란 놈이 어디로 갔는지 도무지 알 수가 없어 그만 지쳐서 돌아오고 말았습니다」

이 말에 양자는 몹시 우울한 표정을 지으며 종일 웃는 일이 없었다. 제자들이 까닭을 물어도 대답을 하지 않았다. 그래서 맹손양(孟孫陽)이란 제자가 선배인 심도자(心都子)에게 가서 사실을 말했다.

심도자는 맹손양과 함께 양자를 찾아뵙고 이렇게 물었다.

「옛날 세 아들이 유학을 갔다 돌아오자, 그 아버지가 인의(仁義)에 대해 물었습니다. 그러자 큰아들은 『몸을 소중히 하고 이름을 뒤로 미루는 것입니다』라고 대답하고, 둘째아들은 『내 몸을 죽여 이름을 남기는 것입니다』라고 했는데, 셋째아들은 『몸과 마음을 다 온전히 하는 것입니다』라고 대답했습니다. 이 세 가지 방법은 각각 다르지만, 같은 선생 밑에서 같은 유학(儒學)을 배운 데서 나온 말입니다. 어느 것이 옳고 어느 것이 틀립니까?」

그러자 양자는 이야기를 이렇게 돌렸다.

「어떤 사람이 황하 기슭에 살고 있었는데, 헤엄을 아주 잘 쳐서 배로 사람을 건네주고 많은 돈을 벌며 호화로운 생활을 했다. 그래서 그에게 헤엄치는 법을 배우러 오는 사람이 많았는데, 그 절반에 가까운 사람이 헤엄을 배우다가 물에 빠져 죽었다. 그들은 헤엄을 배우러 왔지 빠지는 것을 배우러 오지는 않았다. 하지만 돈을 버는 사람과 목숨을 잃는 사람과는 너무도 많은 차이가 있다. 그대는 어느 쪽이 좋고 어느 쪽이 나쁘다고 생각하는가?」

심도자도 잠자코 밖으로 나왔다. 그래서 맹손양은,

「당신의 질문은 너무나 간접적이고, 선생님의 대답은 분명치가 않다. 나는 뭐가 뭔지 도무지 알 수가 없다」하고 말했다.

심도자는 「큰 도는 갈림길이 많기 때문에 양을 놓쳐 버리고, 학문하는 사람은 방법이 많기 때문에 본성을 잃어버린다(大道以多岐亡羊 學者以多方喪生). 학문이란 원래 근본이 하나였는데, 그 끝에 와서 이같이 달라지고 말았다. 그러므로 그 같고 하나인 근본으로 되돌아가기만 하면 얻을 것도 잃을 것도 없는 것이다. 선생님은 그 말씀을 하고 계신 거다」하고 말했다

너무도 많은 교파와 종파들이 똑같은 근본 문제는 제쳐놓고 하찮은 지엽말단(枝葉末端)의 형식을 놓고 왈가왈부하는 현상도 일종의 「다기망양」이라고 할 수 있다.

❻ 國士無雙(국사무쌍) 国士无双 나라 國 선비 士 없을 無 쌍 雙

한 나라에 둘도 없는 훌륭한 인물, 천하제일의 인물.

《사기》 회음후열전에 있는 이야기다.

「국사(國士)」란 나라의 선비, 즉 전국을 통한 훌륭한 인물을 말한다. 이 말은 소하(簫何)가 한신을 가리켜 말한 데서 비롯된 것이다. 한신은 회음(淮陰 : 강소성) 사람으로 젊었을 때는 집이 몹시 가난한데다가 농사일이나 글공부 같은 데는 별로 관심이 없이 하늘을 날고 싶은 큰

뜻만을 품고 다녔기 때문에 생활이 말이 아니었다.

언젠가는 한신이 강가에서 낚시를 하고 있는데, 한신의 배고픈 기색을 본 한 빨래하는 노파가 자기가 먹으려고 싸가지고 온 점심을 그에게 주었다. 그 노파는 빨래를 하러 나올 때마다 수십여 일을 두고 매일같이 한신에게 점심밥을 나눠 주었다.

한신의 표모반신(漂母飯信) 조소(彫塑)

한신이 감격한 나머지, 「언젠가는 이 은혜를 후하게 갚을 날이 반드시 있을 겁니다」 라고 말하자, 노파는 성난 얼굴로, 「대장부가 스스로의 힘으로 밥을 먹지 못하는 것이 딱해서 그랬을 뿐, 뒷날 덕을 보려고 그런 것은 아니니, 아예 그런 말은 마시게」 하고 핀잔하듯 말했다.

언젠가는 또 한신이 회음 읍내를 거닐고 있는데, 읍내 푸줏간의 한 젊은이가 갑자기 그의 앞을 가로막으며 이렇게 말했다.

「이봐, 네놈은 덩치도 큰 데다 제법 칼까지 차고 다니지만, 실상은 겁이 많은 녀석일 게 틀림없어. 죽는 게 두렵지 않거든, 어디 그 칼로 나를 찔러 봐. 만일 그럴 용기가 없거든 내 바짓가랑이 밑을 기어서 지나가야 될 거야!」

한신은 난처했다. 한참 바라보던 끝에 엎드려 철부지 녀석의 다리 밑으로 슬슬 기어 나갔다. 온 장바닥 사람들이 한신의 겁 많은 행동을 보고 크게 웃었다. 뒷날, 한신은 초나라 왕이 되어 돌아왔을 때, 빨래하던

한신의 과하지욕

노파에게는 천금을 주어 옛 정에 감사하고, 옛날의 그 젊은이에게는 중위(中尉)라는 수도경비관 벼슬을 내리고는, 여러 장수들을 보며 이렇게 말했다.

「이 사람은 장사(壯士)다. 그 때 나를 모욕했을 때, 내가 어찌 죽일 수 없었겠는가. 다만 죽일 만한 명분이 없었기 때문에 참고 따랐을 뿐이다」

이것은 한신이 지난 날 자기에게 설움을 준 사람들의 불안한 마음을 없애 주기 위한 하나의 계책일 수도 있었을 것이다. 또 일단은 무슨 조치가 있어야만 할 일이었기 때문에 이왕이면 자신의 아량을 보여 주는 길을 택했던 것이리라. 실상 천하를 상대하는 한신으로서는 그런 철부지 소년의 탈선행위가 깜찍스럽게도 보였을 것이다.

이런 일화로 인해 「과하지욕(跨下之辱)」이라는 고사가 생겨났다.

이것은 뒷날 이야기이고, 한신이 처음 벼슬을 한 것은 항우 밑에서였다. 기회 있을 때마다 항우에게 의견을 말해 보았으나, 전연 상대조차 하려 하지 않았다. 항우는 자기 힘만 믿고 인재를 구할 생각이 없었으며, 또 그만한 눈도 없었다.

한신은 항우 밑에서 도망쳐, 멀리 유방을 찾아 한나라로 들어갔다. 한나라 장군 하후영(夏侯嬰)에게 인정을 받아 군량을 관리하는 치속도위(治粟都尉)에 임명되었는데, 이 때 승상인 소하와 알게 되었다. 소하는 한신을 한고조 유방에게 여러 번 추천했으나 써 주지 않았다. 역시 사람 보는 눈이 없었던 것이다. 이윽고 항우의 세에 밀려 유방이 남정(南鄭)으로 떠나게 되자, 군대와 장수들이 실망 끝에 자꾸만 빠져 달아났다. 이에 한신도 더 바랄 것이 없어 그들 뒤를 따랐다.

한신을 쫓는 소하

승상 소하는 한신이 도망갔다는 말을 듣자, 한고조에게 미처 말할 사이도 없이 허둥지둥 한신의 뒤를 쫓았다. 소하까지 도망쳤다는 소문이 한고조의 귀에 들어갔다. 고조는 두 팔을 잃은 기분으로 어쩔 줄 몰랐다. 소하를 누구보다도 신뢰하고 있었기 때문이다. 이틀 뒤 소하가 한신을 데리고 돌아왔다. 고조는 한편 반갑고 한편 노여웠다.

「어찌하여 도망을 했는가?」

「도망친 것이 아니라, 도망친 사람을 붙들러 갔던 겁니다」

「누구를 말인가?」

「한신입니다」

「거짓말. 수십 명의 장수가 달아나도 뒤쫓지 않던 그대가, 한신을 뒤쫓을 리가 있는가?」

그러자 소하는 이렇게 대답했다.

「다른 장수라면 얼마든지 보충할 수 있습니다. 그러나 한신만은 국사로서 둘도 없는 사람입니다(至如信者 國士無雙). 임금께서 한중(漢中)의 왕으로 영영 계실 생각이라면 한신 같은 사람은 필요가 없습니다.

그러나 천하를 놓고 겨룰 생각이시면 한신을 빼고는 상의할 사람이 없습니다」

이리하여 한신은 소하의 강력한 추천으로 대장군에 임명되어 마침내 항우를 무찌르고 천하를 통일하는 공을 세웠던 것이다.

❼ 多士寔寧(다사식녕) 多士寔宁 많을 **多** 선비 **士** 참 **寔** 편안할 **寧**

주문왕과 강태공(태공망)

준걸(俊傑)과 재사(才士)가 조정(朝廷)에 많으니 국가가 태평함.

《천자문》에 있는 말이다.

「재주와 덕이 뛰어난 인재들이 모여 힘써 일하니, 수많은 선비가 있어 나라가 평안하다(俊乂密勿 多士寔寧)」

준예다사(俊乂多士) 중에는 부열·태공망·이윤·주공·환공 및 상산사호인 기리계·동원공·하황공·녹리선생 등이 포함된다.

동서고금을 막론하고 나라가 융성하려면 통치자를 잘 보필하는 현자, 준예다사가 있어야 한다. 명군에게는 반드시 명신이 있고 명신이 있었던 때에는 국태민안(國泰民安)이 이루어졌다.

❽ 壽福康寧 (수복강녕) 寿福康宁 목숨 **壽** 복 **福** 편안할 **康** 편안할 **寧**

오래 살고 복되며 건강하고 평안함.

만수무강(萬壽無疆).

72. 晉楚更霸 趙魏困橫 晋楚更霸 赵魏困横

(진초경패 조위곤횡)

❶ 秦晉之好 (진진지호)

❷ 肝膽楚越 (간담초월)

❸ 解弦更張 (해현경장)

❹ 晉楚更霸 (진초경패)

❺ 竊符救趙 (절부구조)

❻ 圍魏救趙 (위위구조)

❼ 擒困覆車 (금곤복거)

❽ 橫說竪說 (횡설수설)

풀이

❶ 秦晉之好 (진진지호)

秦晋之好 진나라 **秦** 진나라 **晉** 어조사 **之** 좋을 **好**

「진(秦)나라와 진(晉)나라의 좋은 관계」라는 뜻으로, 두 집안이 혼인으로 맺어짐을 비유하는 말이다.

진문공 복국도(復國圖)

춘추전국시대, 천자의 나라인 주(周)나라의 권위가 쇠퇴하고 제후들이 중원의 패권을 도모하던 시기였다. 춘추시대 초기에 진(晉)나라 헌공(獻公)은 진(秦)나라와 우호관계를 맺기 위하여 자기 딸을 목공(穆公)에게 시집보냈다.

진(晉)나라는 헌공이 죽은 뒤에 권력다툼이 벌어져 태자인 신생(申生)이 살해되었고, 그의 동생인 중이(重耳)는 국외로 도피하였다.

중이는 이후 19년 동안이나 여러 나라를 떠돌았는데, 마지막으로 의지한 곳이 진(秦)나라였다. 목공은 중이가 재능이 출중하며 충의로운 인물임을 알아보고 일족의 딸과 혼인을 맺게 하였다.

얼마 뒤, 중이는 목공의 도움을 받아 조국으로 돌아가서 폭군을 주살하고 군왕의 자리에 올랐으니 그가 문공(文公)이다. 문공은 아들을 태자로 책봉하고 진(秦)나라 왕실의 딸과 혼인하게 함으로써 부자(父子)가

진(秦)나라와 인척관계를 맺었다.

목공과 문공은 그들의 나라를 강대국으로 키워 춘추오패(春秋五霸)에 속하는 패자(覇者)들로 꼽힌다. 열국(列國)이 패권을 다투던 시기에 강대국인 진(秦)나라와 진(晉)나라는 혼인을 맺음으로써 우호관계를 유지할 수 있었다. 여기서 유래하여 「진진지호」는 두 집안이 혼인으로 맺어지는 것을 비유하는 고사성어로 사용된다.

❷ 肝膽楚越(간담초월) 肝胆楚越 간 肝 쓸개 膽 나라이름 楚 나라이름 越

가까이 있어도 멀리 있는 것처럼 보임.

억지로 차별을 지어 보면 간과 쓸개와 같이 서로 가까운 사물도 보기에 따라서 초나라와 월나라만큼이나 먼 것처럼 보이기도 하고, 반대로 서로 다른 것도 동일하게 생각된다는 말.

간담(肝膽)은 간과 쓸개로, 관계가 매우 밀접하거나 가까운 것을 비유하는 말이며, 초월(楚越)은 고대 중국의 초나라와 월나라로 서로 멀리 떨어져 있어 소원한 관계를 말한다.

《회남자》 숙진훈에 있는 「간담호월(肝膽胡越)」과도 같은 뜻이다. 간(肝)과 담(膽)은 서로 가까이 붙어 있는 것이며, 「胡」는 북쪽에 있는 나라이고, 「越」은 남쪽에 있는 나라인 데서, 가깝고 먼 것으로써 서로 닮고 닮지 않음을 비유한 말이다.

그런데 초나라와 월나라는 모두 남쪽에 있는 나라이므로 「멀다」는 비유가 맞지 않으므로, 《회남자》에서는 《장자》에 있는 「楚」를 「胡」로 바꾸어 놓은 말이다.

《장자》 덕충부편에 실려 있는 공자의 말로서, 다음과 같은 구절이 있다.

「서로 뜻이 다른 입장에서 보면 간과 쓸개도 초나라와 월나라와 같고(肝膽楚越也), 같은 마음으로 보면 만물은 모두 하나다」

입장이나 견해가 다르면 가까운 관계도 멀게 느껴지고 서로 다른 것도 동일한 것으로 보인다는 말이다.

❸ 解弦更張 (해현경장) 解弦更张 풀 **解** 시위 **弦** 고칠 **更** 베풀 **張**

「거문고의 줄을 바꾸어 매다」라는 뜻으로, 느슨해진 것을 긴장하도록 다시 고치거나 사회적·정치적 제도개혁을 비유하는 말.

전한(前漢) 때의 유학자 동중서(董仲舒)는 어려서부터 《춘추(春秋)》를 공부하였고, 경제(景帝) 때 박사(博士)가 되었다. 경제에 이어 무제(武帝)가 즉위하여 전한의 새로운 문교정책에 참여했다. 오경박사(五經博士)를 두게 되고, 국가 문교의 중심이 유가(儒家)에 통일된 것은 그의 영향이 크다.

동중서

무제는 국사를 운영하면서 수시로 동중서에게 자문을 구하였다. 무제가 널리 인재를 등용하려 하자, 동중서는 현량대책(賢良對策)을 올려 인정을 받았다.

「원광원년거현량대책(元光元年擧賢良對策)」이라는 글을 올렸다. 그 가운데 다음과 같은 구절이 있다.

한무제

「지금 한나라는 진(秦)나라의 뒤를 계승하여 썩은 나무와 똥이 뒤덮인 담장(朽木糞牆)과 같아서 잘 다스리려고 해도 어찌할 도리가 없는 지경입니다. 이를 비유컨대, 거문고를 연주할 때 소리가 조화를 이루지 못하는 경우가 심해지면 반드시 줄을 풀어 고쳐 매어야 제대로 연주할 수 있는 것과 같습니다(竊譬之琴瑟不調 甚者必解而更張之 乃可鼓也). 마찬가지로 정치도 행하여지지 않는 경우가 심해지면 반드시 옛것을 새롭게 변화하여 개혁하여야만 제대로 다스려질 수 있습니다. 줄을 바꿔야 하는데도 바꾸지 않으면 훌륭한 연주가라 하더라도 조화로운 소리를 낼 수 없으며, 개혁하여야 하는데도 실행하지 않으면 대현(大賢)이라 하더라도 잘 다스릴 수가 없는 것입니다」

그러나 동중서는 뒤에 자신의 학설로 말미암아 투옥되는 등 파란 많은 생애였다. 저서에 《동자문집(董子文集)》, 《춘추번로(春秋繁露)》 등이 있다.

조선시대 말에 발생한 갑오경장(甲午更張 : 갑오개혁)의 명칭도 「해현경장」에서 유래되었다.

❹ 晉楚更霸 (진초경패)

晋楚更霸 나라 **晉** 나라 **楚** 번가를 **更** 으뜸 **霸**

진나라와 초나라는 번갈아 패권을 잡았다.

《천자문》에 있는 말이다.

「진나라, 초나라는 번갈아 패권을 잡았고, 조나라 위나라는 연횡책 탓에 어려움을 겪었다(晉楚更霸 趙魏困橫)」

진(晉)·초(楚)·위(魏)는 모두 주대(周代)의 제후국이다. 제환공(齊桓公)이 죽자 진(晉)나라에서는 문공(文公)과 초나라에서는 장왕(莊王)이 교대로 패자(霸者)로 등장하여 제후를 견제했다. 춘추시대 때 진(晉)나라와 초(楚)나라가 가장 막강한 국력을 과시했음을 이르는 말이다.

진(晉)나라는 중국 대륙의 북서쪽에 위치하고 있으면서, 서쪽으로는 진(秦)나라를 제압하고 동쪽으로는 중원의 여러 제후국들을 눌렀다. 특히 제24대 문공(文公) 때 가장 국력이 번성했다.

진문공

반면 초(楚)나라는 대륙의 남쪽에 자리하고 있던 제후국이다. 고대 중국인들은 황하를 중심으로 한 중원(中原) 지역만을 원래 중국이라고 여겼다. 그래서 중원지역에 있던 제후국들(宋·衛·曹·陳·鄭·魯·齊·晉 등)은 서쪽 변방의 진(秦)나라나 남쪽 변방의 초(楚)나라, 북쪽 변방의 연(燕)나라, 동남쪽 변

초장왕

방의 오(吳)나라와 월(越)나라를 오랑캐라고 하며 업신여겼다.

춘추시대에서 전국시대로 넘어오는 동안 전국칠웅(戰國七雄)이라고 불리는 7개 제후국(齊·楚·燕·秦·韓·魏·趙)을 제외하고는 모두 명맥만 유지하고 있는 소국(小國)으로 전락해버리게 된다.

특히 전국시대의 세력 판도에서 가장 두드러진 특징은, 서쪽 변방의 진(秦)나라가 효공(孝公) 때 상앙(商鞅)을 등용하여 실시한 변법개혁(變法改革)의 성공을 시작으로 초강대국으로 급부상한다. 이때부터 진(秦)나라의 영토 확장과 진(秦)나라의 침략을 저지하려는 여섯 제후국들 간에 치열한 외교 전쟁이 벌어지게 된다.

이러한 역사적 상황 속에서 등장하게 되는 외교 전략이 바로 「합종책(合縱策)」과 「연횡책(連橫策)」이다. 합종책은 천자국인 동주(東周) 낙양 출신의 소진(蘇秦)이 주창한 것으로, 진(秦)나라에 대항하기 위해 6국(齊·楚·燕·韓·魏·趙)이 정치 군사동맹을 맺는 외교 전략을 말한다.

이 합종책 때문에 진(秦)나라는 15년 동안 중국의 동쪽, 즉 중원으로 진출할 수 없었다. 반면 연횡책은 위나라 출신으로, 친구 소진(蘇秦)과 함께 귀곡선생(鬼谷先生)에게서 수학한 적이 있는 장의(張儀)가 6국의 정치 군사동맹인 합종책을 깨뜨리기 위한 책략으로서, 진(秦)나라가 6

국과 개별적으로 정치 군사동맹을 맺는 외교 전략을 말한다.

그러나 6국은 진나라를 섬기라는 장의의 연횡설과, 그 반대로 소진의 합종설 때문에 갈팡질팡하였다. 6국 중에서도 조나라와 위나라는 다른 어느 나라보다도 지리적인 면에 있어 진나라와 싸우면 불리했기 때문에 곤란을 겪었다.

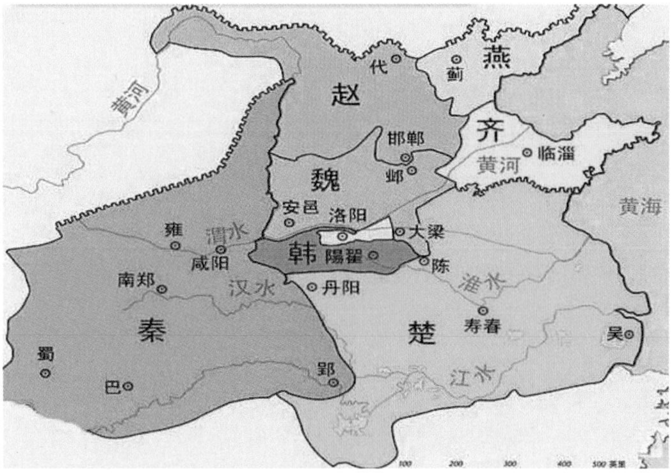

전국칠웅 지도

⑤ 竊符救趙 (절부구조)

窃符救赵 훔칠 竊 부신 符 건질 救 나라 趙

병부를 훔쳐 조나라를 구했다는 뜻으로, 보다 큰 목적을 위해서는 사소한 의리 같은 것은 버려도 된다.

《사기》 위공자열전에 있는 이야기다.

맹상군(孟嘗君)과 함께 전국사군(戰國四君)으로 손꼽히던 신릉군(信陵君)이 조나라의 위급함을 구하기 위해 임금의 병부를 훔쳐내어 위나라 군사를 이끌고 진나라 군사를 물리친 사건은 너무도 유명한 이야기다. 그러나 여기에는 여러 가지 문제점이 있다.

첫째, 신하의 신분으로 임금을 속였으니 그것은 불충부덕한 일이다 하는 주장이 될 수 있다. 그러나 그것이 나라를 위하는 길이요, 이웃을 위하는 길이요, 침략자를 응징하는 길이었으니 보다 큰 목적을 위해서는 그런 형식적인 도덕 같은 건 지키지 않아도 된다 하는 이론이 될 수도 있는 것이다. 그러면 이 내용을 간단히 더듬어 보기로 하자.

신릉군 위무기(魏無忌)는 위소왕(魏昭王)의 작은아들이었고 안리왕(安釐王)의 배다른 동생이었다. 소왕이 죽고 안리왕이 즉위하자 그를 신릉군에 봉했다. 신릉군은 덕과 지혜가 있고 또 사람을 보는 눈이 있었다. 그는 이문(夷門)을 지키는 후영(侯嬴)이란 늙은 문지기를 스승처럼 위했고, 백정인 주해(朱亥)를 귀한 손님처럼 받아들였다. 안리왕 20년에 조나라 군사를 장평(長平)에서 크게 깨뜨린 진나라는 다시 조나라 수도 한단(邯鄲)을 포위했다.

신릉군

신릉군의 자형인 조나라 평원군은 조나라 혜문왕(惠文王)의 아우였다. 혜문왕과 평원군은 각각 안리왕과 신릉군에게 거듭 사람을 보내 구원을 요청했다. 안리왕은 진비(晋鄙)에게 10만의 군사를 주어 조나라를 구하게 했다. 그러자 진나라에서 위협해 왔다. 제후들로서 조나라를 구원하는 사람이 있으면 조나라를 깨뜨린 다음에는 군대를 그곳으로 옮기겠다는 것이었다.

안리왕은 겁이 났다. 곧 사람을 보내 진비를 국경을 넘지 못하도록 했다. 그러자 평원군으로부터 거듭 신릉군을 책망하는 편지를 보내왔다. 신릉군은 그때마다 왕에게 간청을 넣었으나 왕은 진나라가 무서워 허락을 하지 않았다. 마침내 신릉군은 백여 대의 수레에 손들을 태우고 진나라 군대와 싸워 죽을 결심을 하게 된다.

가는 도중 이문을 지나며 후영을 만나 가게 된 동기와 죽을 결심을 말했다. 후생은 담담한 표정으로 「수고가 많으시겠습니다. 늙은 몸은 공자를 따라갈 수가 없습니다」

얼마를 가던 신릉군은 후영의 태도가 아무래도 마음에 걸렸다.

「내가 그를 그토록 성의껏 대했는데 죽으러 가는 마당에 이렇게 보낼 수가! 내게 무슨 잘못이라도 있단 말인가?」

그는 다시 후영에게로 갔다. 그러자 후영 노인은, 「공자께서 다시 올 줄 알았습니다」 하고 무모한 죽음은 어리석은 일밖에 될 것이 없다면서 조용한 곳으로 가 그에게 조나라를 구할 수 있는 꾀를 일러 주었다. 그것이 병부를 훔쳐 조나라를 구하는 일이었다.

후영을 방문하는 신릉군

안리왕의 총희 여희(如姬)는, 자기 아버지를 죽인 원수를 잡으려 했으나 왕의 힘으로도 3년이 되도록 범인을 잡지 못했다. 여희의 청을 받은 신릉군이 범인을 잡아 목을 베어 여희에게 보내주었다. 여희는 신릉군의 은혜를 목숨으로라도 갚겠다는 약속을 했다.

한편 진비가 가지고 있는 호부(虎符)의 한쪽은 안리왕의 침실 깊숙이 감춰져 있었다. 그것을 훔쳐내기만 하면 진비의 군대를 앗아 조나라를 구할 수가 있다. 그러나 안리왕의 침실에서그것을 훔쳐낼 수 있는 사람은 여희 이외에 아무도 없었다.

신릉군은 후생의 꾀에 따라 여희를 통해 호부를 훔쳐낸 다음, 또 후생의 권고로 주해를 데리고 밤을 새워 진비가 있는 국경으로 달려갔다.

진비는 예상한 대로 병부를 대조해 보고도 신릉군을 의심하여 순순히 지휘권을 넘겨주려 하지 않았다. 사태가 원만하게 수습될 수 없음을 알아챈 주해는 소매 속에서 40근 철퇴를 꺼내 진비의 머리를 내려쳤다.

진비의 군대를 장악한 신릉군은 즉시 영을 내려 부자가 같이 와 있는 아버지, 형제가 같이 와 있는 형, 형제가 없는 외아들은 전부 돌려보내고 남은 8만의 군대로 진나라 군대를 쳐서 크게 승리를 거두었다.

신릉군은 그 길로 조나라에서 10년을 지내게 된다. 안리왕이 그를 부르지 않았기 때문이다. 그때 진나라가 위나라를 침략해 왔다. 안리왕은 다급한 나머지 신릉군에게 어서 돌아와 달라고 애원을 했다. 무심했던 왕이 다급한 이제야 그를 필요로 하는 것이 노여웠다. 그러나 결국은 새로 사귄 모공(毛公)과 설공(薛公)의 권유로 위나라로 돌아가 진나라를 크게 이기고 함곡관까지 쳐들어가 시위를 하고 돌아온다.

그러나 안리왕은 다시 진나라 간첩들의 모략에 넘어가 신릉군을 멀리하게 되고 신릉군은 망해 가는 조국의 모습이 안타까워 어서 죽기 위한 타락된 여생을 보내게 된다.

이 「절부구조」란 말은 보다 큰 목적을 위해서는 사소한 의리 같은 것은 버려도 된다는 뜻으로 쓰인다.

❻ 圍魏救趙 (위위구조) 围魏救赵 둘러쌀 **圍** 나라 **魏** 구원할 **救** 나라 **趙**

「위나라의 포위 속에서 조나라를 구한다」는 뜻으로, 적의 포위망 속에 든 아군을 구할 때 직접적인 방법보다 적의 약점을 찔러 아군 스스로 돌파하도록 함을 이르는 말이다.

손 빈

전국시대 때, 위(魏)나라의 대장 방연(龐涓)이 지휘하는 대군이 질풍 같은 기세로 조(趙)나라를 침공하여 수도 한단(邯鄲)을 포위했다. 놀란 조나라 임금은 제(齊)나라에 구원을 요청하기로 결정하고 사신을 급파했다.

적의 포위망을 뚫고 달아나 제나라 수도 임치에 도착한 조나라 사신은 위왕(威王)을 배알하여 자국의 어려운 사정을 호소하고 도움을 청했다. 위왕은 군사(軍師) 손빈(孫臏)을 대장으로 하여 구원군을 출병시키려고 서둘렀다.

이 손빈이란 인물은 손자병법으로 유명한 손무(孫武)의 손자로서 그 역시 상당한 병법가였는데, 그와 적장 방연 사이에는 숙명적인 인연이 있었다.

두 사람은 원래 귀곡선생(鬼谷先生) 밑에서 같이 공부한 친구였다. 그러다가 방연이 먼저 위나라 혜왕(惠王)을 섬기게 되었고, 손빈 역시 뒤따라 혜왕의 신하가 되었는데, 방연은 자기 재능이 도저히 손빈을 따르지 못함을 알고는 그에게 죄를 씌워 발목을 자르는 족참(足斬)에다 이마에 먹글씨를 새기는 형을 받게 했다.

그 후 제나라 사신이 위나라를 예방했을 때, 사신은 몰래 손빈을 자기 수레에 태워 제나라로 데려갔다. 그로부터 손빈은 제나라 신하가 되었고, 방연에 대해서는 철천지원한(徹天之怨恨)을 품어 복수의 기회를 노렸던 것이다.

임금으로부터 출전 명령을 받은 손빈은 이렇게 말했다.

「불구인 신이 어떻게 대장의 막중한 임무를 맡을 수 있겠습니까. 신은 그저 참모로 참전하여 대장을 보필하는 것으로 족하다고 생각합니다」

그것은 자기 존재를 가능한 한 숨겨 방연에게 경각심을 불러일으키지 않겠다는 계산이 깔려 있는 말이었다. 그래서 제나라군 대장은 전기(田忌)가 맡았고, 손빈은 몰래 참모로서 참전하게 되었다.

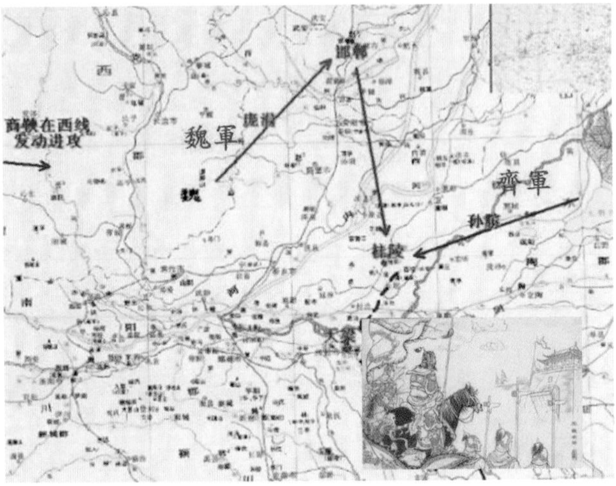

위위구조도(圍魏救趙圖)

수도를 출발하자마자 전기는 곧바로 한단으로 직행하여 위나라 군과 격돌하려고 서둘렀으나, 손빈이 침착하게 만류했다.

「그것은 현명한 방책이 아닙니다. 헝클어진 실타래는 실마리를 찾아 잡아당겨야 끝까지 잘 풀리는 법이지요. 지금 위나라의 군세는 몽땅 조나라에 투입되어 있기 때문에 국내에는 노약한 병사들밖에 남아 있지 않습니다. 따라서 우리가 위나라 서울 대량(大梁)을 공격하는 척하면 방연은 조나라를 함락시키는 것보다 자기 나라를 구하는 게 급하므로 허겁지겁 철수할 테지요. 그걸 노려 중간에서 급습하면 승리는 장군의 호주머니에 이미 들어와 있는 것이나 다름없습니다」

전기는 기막힌 작전이라며 기뻐했다.

승리를 눈앞에 두고 한단성 공략에 박차를 가하던 방연은 제나라 군이 급작스럽게 위나라를 침공한다는 보고를 받고 깜짝 놀랐다. 그래서 급히 군대를 수습하여 귀국길에 올랐다.

이때 조금 앞서서 위나라로 진격해 들어가던 손빈은 원수 방연을 패망시키기 위한 계략을 구사했다. 첫날에는 10만 명분의 솥을 걸어서 밥을 지은 자리를 남겨놓고 진군하고, 다음날은 5만 명 분, 그리고 사흘째는 2만 명 분 하는 식으로 솥을 걸었던 자리의 숫자를 점점 줄여 간 것이다 이것을 본 방연은 크게 기뻐했다.

「제나라 군병들이 오합지졸들이란 것은 알고 있었지만 정말 형편없는 놈들이로군. 우리나라에 쳐들어와서 이제 겨우 사흘인데, 도망한 군사가 절반이 훨씬 넘었으니」

그는 자신만만해서 밤낮없이 제나라 군을 뒤쫓았다. 적군의 행군 속도를 계산해 본 손빈은 그 날 해질 무렵이면 그들이 마릉(馬陵)에 도착하리라 짐작했다 그곳은 험한 두 산 사이의 협곡이어서 복병을 숨기기에 알맞은 곳이었다. 손빈은 길 옆 큰 나무의 껍질을 벗기고 거기에 「방연, 이 나무 아래에서 죽다」 라고 써 놓았다. 그런 다음 병사들을 길 양쪽에 매복시키고 이렇게 명령했다.

「해질 녘에 불빛이 보이면 화살을 퍼부어라!」

방연의 묘

아니나 다를까, 방연이 거느린 위나라 군은 해질 녘에 마릉에 이르렀다. 그런데 큰 나무 밑을 지나가다 보니 뭔가 씌어져 있으므로, 방연은 불을 밝히고 말 위에서 목을 쭉 빼고 그것을 쳐다보았다. 그 순간, 불빛을 본 제나라군은 손빈의 명령대로 일제히 활을 쏘았다. 그 바람에 위나라군은 금방 대오가 흐트러져 아비규환을 연출하고 말았다.

「아, 내 기어코 그 더벅머리 아이놈에게 이름을 얻게 했구나!」

이렇게 탄식한 방연은 이게 마지막이구나 생각하고 스스로 목을 찔러 죽었다. 손빈이 위나라 군을 격퇴하고 개선하자, 위왕은 몹시 기뻐하며 손빈을 크게 치하하고 높은 벼슬을 주려 했다. 그러나 손빈은 정중히 사양하고 이렇게 말했다.

「신은 보시다시피 걷지도 못하고, 얼굴은 온통 글자를 떠서 보기 흉한 폐인입니다. 그렇건만 그 동안 전하의 은덕으로 분에 넘치는 높은 벼슬자리를 누렸습니다. 이제 전하의 은혜를 갚았고 신의 원수도 갚았으니 더 무엇을 바라겠습니까. 그러니 산야에 숨어 글이나 읽고 쓰는 생활을 할 수 있도록 선처해 주시면 고맙겠습니다.」

위왕은 몇 번 말리다가 안 되자 하는 수 없이 손빈의 청을 받아들였다. 그리하여 시골의 산 하나를 얻은 손빈은 은거하여 비전(秘傳)으로 《손자병법》 13편을 집대성해 위왕에게 바쳤다.

❼ 禽困覆車 (금곤복거)

禽困覆車 날짐승 **禽** 괴로울 **困** 뒤집을 **覆** 수레 **車**

난관에 처한 사람이 더욱 저항한다. 위급할 때는 짐승도 적과 싸우려고 덤빈다는 뜻으로, 궁지에 몰린 사람이 최후의 발악을 하는 것을 비유한 말이다. 《좌씨전》에 있는 이야기다.

진(晉)나라의 경공(景公)이 초(楚)나라와의 싸움에서 크게 패하고 온 장수 순임보(荀林父)를 삭탈관직하고 참형에 처하려고 하자, 대부 사정자(士貞子)가 간언하였다.

진경공

「문공(文公) 때 우리 진나라가 성복에서 초나라와 싸워 크게 이겼으나 문공은 근심하였습니다. 신하들이 큰 승리를 거두었는데 걱정하는지 묻자, 문공은 『성복의 싸움을 지휘한 초나라의 재상 성득신(成得臣)이 살아 있는 한 근심하지 않을 수 없다. 곤경에 빠진 짐승도 힘껏 싸우는데, 한 나라의 재상은 말할 나위 있겠는가(困獸猶鬪 況國相乎)』라고 하였습니다. 성득신이 초나라 왕의 명령을 받고 죽었다는 소식을 듣고 문공은 자신을 해칠 사람이 없어 기뻐하였다고 합니다. 그 뒤부터 진나라는 초나라와의 싸움에서 모두 이겼으며 초나라는 점점 위력이 약해졌습니다. 순임보를 죽이는 것은 다시 초나라를 도와 승리하도록 하는 것이며 우리 진나라는 패하는 것입니다. 한번 패전한 것으로 충신 순임보를 죽게 할 수 없습니다」

사정자의 말을 들은 경공은 순임보의 죄를 면하고 관직도 되돌려 주었다.

❽ 橫說竪說(횡설수설) 横说竖说 가로 **橫** 말씀 **說** 세울 **竪**

가로로 말을 했다가 세로로 말을 했다가 한다는 뜻이니, 일정한 논리 없이 되는대로 지껄이는 모습을 나타내는 뜻으로, 조리 없이 마구 지껄이는 말. 도무지 알아들을 수 없게 정신없이 떠드는 말을 이르는 말이다. 竪는 豎의 속자.

횡(橫)은 가로를 나타내고, 수(竪)는 세로를 뜻한다. 하지만 본래 횡설수설은 종횡무진(縱橫無盡)으로 왔다 갔다 하면서도 이치에 조금도 어긋나지 않는, 조리가 정연(整然)한 말을 뜻하였다. 되풀이해 이야기해주어 듣는 사람들이 충분히 이해할 수 있도록 하는 말이 횡설수설의 본래 의미였다.

「장광설(長廣舌)」이란 말이 있다. 「길고(長) 넓은(廣) 혀(舌)」라는 뜻이다. 말은 입 속에 있는 혀를 움직여서 소리가 되어 나오므로, 혀는 곧 말과 같은 뜻으로 쓰인다. 개구리가 아닌 이상 사람의 혀가 머리카락까지 닿을 수는 없었을 테고, 혀가 길고 넓었다는 말은 훌륭한 가르침의 말씀을 많이 남겼다는 뜻일 뿐이다.

장광설은 이렇게 처음엔 거짓 없는 진실한 말을 하는 사람을 가리키는 말이었다. 그런데 오늘날에는 한번 말을 했다 하면 사람들이 지루해지도록 끝도 없이 길게 하는 말을 가리키는 뜻으로 쓴다. 사람들은 너무 바빠서 남의 말을 귀담아들을 여유가 없기 때문에 오랫동안 길게 말하는 것을 달가워하지 않게 된 것이다.

「장광설」이 후대로 오면서 좋지 않은 뜻으로 바뀐 것처럼, 「횡설수설」도 지금에는 이 소리 하다가 느닷없이 저 소리를 해서 도대체 무슨 말을 하고 있는지 알 수 없을 때 쓰는 말이 되었다.

이렇게 말뜻이 달라진 것은 횡(橫)자가 지닌 여러 가지 뜻 때문이다. 횡(橫)은 「가로」라는 뜻이 있지만, 동시에 「멋대로, 함부로」라는 뜻도 있다.

「횡인(橫人)」은 제멋대로 구는 버릇없는 사람을 말하고, 「비명횡사(非命橫死)」는 제 명에 죽지 못하고 뜻밖의 사고를 당해 죽는 것을 말한다. 횡설(橫說)도 따로 떼어서 말하면 억지로 우기는 이야기라는 뜻이 있다. 여러 사람이 있는 데서 이야기할 때에는 자기주장만 내세우는 횡설이 아니라, 꼼꼼히 따지고 헤아려 횡설수설을 해야 한다.

73. 假途滅虢 踐土會盟 (가도멸괵 천토회맹) 假途灭虢 践土会盟

❶ 狐假虎威 (호가호위)

❷ 日暮途遠 (일모도원)

❸ 滅此朝食 (멸차조식)

❹ 假途滅虢 (가도멸괵)

❺ 踐土會盟 (천토회맹)

❻ 土崩瓦解 (토붕와해)

❼ 牽强附會 (견강부회)

❽ 城下之盟 (성하지맹)

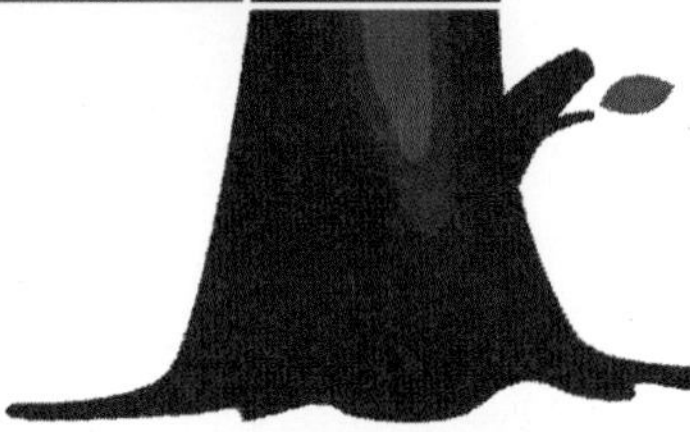

풀이

❶ 狐假虎威(호가호위) 狐假虎威 여우 **狐** 거짓 **假** 범 **虎** 위엄 **威**

「호가호위」는 여우가 호랑이의 위엄을 빌어 제 위엄으로 삼는다는 말이다. 아무 실력도 없으면서 배경을 믿고 세도를 부리는 사람을 비유해서 이르는 말이다.

《전국책》 초책(楚策)에 있는 말이다.

위나라 출신인 강을(江乙)이란 변사가 초선왕 밑에서 벼슬을 하게 되었다. 그런데 초나라에는 삼려(三閭)로 불리는 세 세도집안이 실권을 쥐고 있어 다른 사람은 역량을 발휘할 수가 없었다. 이때는 소씨 집 우두머리인 소해휼(昭奚恤)이 정권과 군권을 모두 쥐고 있었다. 강을은 소해휼을 넘어뜨리기 위해 기회만 있으면 그를 헐뜯었다. 하루는 초선왕이 여러 신하들이 있는 데서 이렇게 물었다.

「초나라 북쪽에 있는 모든 나라들이 소해휼을 퍽 두려워하고 있다는데, 그 말이 사실인가?」

소해휼이 두려워 아무 대답하는 사람이 없었다. 그때 강을이 일어나 대답했다.

「호랑이는 모든 짐승을 찾아 잡아먹습니다. 한번은 여우를 붙들었는데, 여우가 호랑이를 보고 이렇게 말했습니다.

『그대는 감히 나를 잡아먹지 못하리라. 옥황상제께서는 나를 백수(百獸)의 어른으로 만들었다. 만일 그대가 나를 잡아먹으면 이것은 하늘을 거역하는 것이 된다. 만일 내 말이 믿어지지 않거든, 내가 그대를 위해 앞장서서 갈 터이니 그대는 내 뒤를 따라오며 보라. 모든 짐승들이 나를 보고 감히 달아나지 않는 놈이 있는가를』

호가호위

그러자 호랑이는 과연 그렇겠다 싶어 여우를 앞세우고 같이 가게 되었습니다. 모든 짐승들은 보기가 무섭게 달아났습니다. 호랑이는 자기가 무서워서 달아나는 줄을 모르고 정말 여우가 무서워서 달아나는 줄로 알았습니다. 지금 대왕께서는 5천 리나 되는 땅과 완전무장을 한 백만 명의 군대를 소해휼 한 사람에게 완전히 맡겨 두고 계십니다. 그러므로 모든 나라들이 소해휼을 두려워하는 것은, 사실은 대왕의 무장한 군대를 무서워하고 있는 것입니다. 마치 모든 짐승들이 호랑이를 무서워하듯 말입니다」

재미있고 묘한 비유였다. 소해휼은 임금님을 등에 업고 임금 이상의 위세를 부리는 여우같은 약은 놈이 되고 선왕은 자기가 어떤 위치에 있는지를 자각하지 못한 채 소해휼이 훌륭해서 제후들이 초나라를 두려워하는 줄로 알고 있는 어리석은 호랑이가 되고 만 것이다.

이 세상에는 이런 「호가호위」의 부조리가 너무도 공공연하게 행해지고 있다.

❷ 日暮途遠 (일모도원) 日暮途远 날 日 저물 暮 길 途 멀 遠

날은 저물고 갈 길은 멀다는 뜻으로, 늙고 쇠약한데 앞으로 해야 할 일은 많음. 《사기》 오자서열전(伍子胥列傳)에 있는 이야기다.

춘추시대 말기 오(吳)나라는 초(楚)를 평정하고 급격히 그 세를 불려 한때는 중원의 패권을 넘보기까지에 이르렀다. 오나라가 이렇게 강대해진 것은 초나라에서 망명해 온 오자서 때문이었다.

오자서

오자서의 아버지 오사(伍奢)는 초 평왕(楚平王)의 태자 건(建)의 태부였다. 평왕 2년 소부(小傳)인 비무기(費無忌)의 참언으로 아버지 오사와 형 오상(伍尙)이 죽음을 당하자 오자서는 초를 도망쳐 나와 아버지의 원수를 갚기 위해 이를 갈고 있었다.

오왕 요(僚)와 공자 광을 알현한 오자서는 공자 광이 왕위를 은근히 탐내며 자객을 구하고 있는 것을 알고, 전제(專諸)라는 자객을 구해서 공자 광에게 보내고 자신은 농사일에 전념하면서 공자 광이 목적을 달성하는 날만을 기다렸다.

오왕 요의 12년(BC 512년), 초평왕이 죽고 비무기가 평왕에게 바친 진녀(秦女)의 몸에서 태어난 진(軫 : 소왕)이 위에 올랐다. 당연히 비무기의 전횡은 극에 달했다. 그러나 1년이 못 가서 내분이 일어나 비무기는 살해되었다. 오자서는 자기가 해치워야 할 원수 둘을 계속 잃게 되었다. 하지만 초나라로 쳐들어가 아버지와 형의 원수를 갚겠다는 일념은 조금도 식지 않았다.

오왕 합려 상

비무기가 살해되던 해, 오왕 요는 초의 내분을 틈타 단숨에 이를 치고자 대군을 초로 출병시켰다. 그런데 또 그 틈을 타서 공자 광은 자객 전제를 시켜 왕 요를 살해하고 스스로 왕위에 올랐다. 그가 바로 오왕 합려(闔閭)이다.

그로부터 오자서는 손무(孫武 : 손자)와 함께 합려를 도와 여러 차례 초나라로 진격해 마침내 합려 왕 9년(BC 506) 초의 수도 영(郢)을 함락시켰다. 오자서는 아버지와 형의 원수를 갚으려고 소왕(昭王)을 찾았으나 소왕은 이미 운(鄖)으로 도망쳐 목적을 달성하지 못했다. 그래서 평왕의 무덤을 파고 그 시체에 3백 대의 매질을 하여 오랜만에 한을 달랬다.

오자서가 초에 있을 때 친교가 있던 신포서(申包胥)라는 사람은 이때 산속에 피해 있었으나, 오자서의 그런 행태를 전해 듣고 사람을 통해 오자서의 보복이 너무나도 심한 것을 책망하고 그 행위를 천리(天理)에 어긋난다고 말했다. 그에 대해서 오자서가 신포서에게 보낸 답신에 있는 말이 바로 이 성구인 것이다.

「나를 대신해서 신포서에게 고맙다는 말을 전해주게. 나는 지금 해는 지고 갈 길은 멀다. 그래서 나는 사리에 어긋나게 복수를 할 수밖에 없었네(爲我謝申包胥 我日暮途遠 我故倒行而逆施之)」

즉 자신은 나이가 들고 늙어 가는데 할 일은 많다. 그래서 이치에 따라서 행할 겨를이 없다는 말이다.

오자서 사당

여기에서 「차례를 바꾸어서 행한다」는 뜻으로 「도행역시(倒行逆施)」라는 성구도 나왔다.

그 후 신포서는 소왕을 찾아가 나라를 부흥시킬 계획을 상의하였으나 힘이 없었다. 신포서는 소왕의 외할아버지인 애공(哀公)이 다스리는 진(秦)나라로 가서 초나라가 망하면 진나라도 결코 안전하지 못할 것이라며 도움을 청하였다. 그러나 애공은 전쟁을 벌일 마음이 없어 응하지 않았다.

신포서는 진나라 궁정의 담벼락에 기대앉아서는 7일 동안 물도 한 모금 마시지 않고 밤낮으로 쉬지 않고 곡을 하였다(立依於庭牆而哭 日夜不絶聲 勺飮不入口 七日).

애공은 결국 신포서의 충정에 감동하여 군대를 일으켜 오나라를 공격하였다. 신포서는 진(秦)나라의 도움을 받아 초나라를 부흥시켰고, 오자서는 도리어 오왕 부차에게 살해되고 말았다.

❸ 滅此朝食

멸 차 조 식

灭此朝食　멸망할 **滅** 이 **此** 아침 **朝** 밥 **食**

눈앞의 적들을 섬멸한 다음 아침식사를 하겠다는 뜻으로, 원수를 멸하겠다는 절박한 심정과 결의를 비유해서 이르는 말.

《사기》 회음후열전에 있는 이야기다.

한(漢)나라의 무장 한신(韓信)은 장이(張耳)와 함께 병력 1만을 이끌고 동진하여 정형(井陘)으로 내려가서 조나라를 치려고 했다. 조나라 왕과 성안군(成安君) 진여(陳餘)는 한나라 군사가 쳐들어온다는 말을 듣자 곧바로 군사를 정형구(井陘口)로 집결하도록 했는데, 그 병력이 20만이라고 했다.

한신은 감연히 군사를 이끌고 정형의 좁은 길로 내려가 정형구에서 30리 못 미친 곳에 머물러 야영하고, 그날 밤에 군령을 전하여 가볍게 무장한 기병(奇兵) 2천 명을 뽑아 저마다 붉은 깃발을 들려 샛길로 가서 산에 숨어 있되 조나라 군영(軍營)을 바라보며 대기해 있으라고 했다. 출발할 때 이렇게 훈시했다.

「조나라는 우리 본대가 패주하는 것을 보면 틀림없이 성벽을 비워두고 우리 군사를 추격할 것이다. 그 때에 그대들은 재빠르게 조나라 성벽으로 들어가 조나라 깃발을 빼내고 우리 한나라 붉은 깃발을 세우도록 하라」

한편 부장(副將)에게 명하여 가벼운 식사를 나누어주어 병졸들에게 먹인 다음 한신이 말했다.

「오늘은 조나라 군사를 깨뜨린 다음 모두 함께 아침식사를 하자(滅此朝食)!」

모든 장수는 누구도 이 말을 믿지 않았지만, 알겠다는 듯이 응답했다.

「예, 알겠습니다!」

한신은 다시 군리(軍吏)를 향하여 말했다.

「조나라 장수는 지형(地形)의 이점을 살려서 이미 누벽(壘壁)을 쌓고 있다. 게다가 그들은 우리 군사가 패주하더라도 우리 대장군의 깃발을 보기 전에는 우리의 선봉을 치려 들지 않을 것이다. 그것은 우리 군대가 좁고 험한 지점에까지 왔다가 중도에서 퇴각할지도 모르겠다고 생각하기 때문이다」

삼면이 깎아지른 조군의 성벽. 여기에 조나라 군기를 전부 빼버리고 한나라 군기를 꽂았다

이리하여 한신은 군사 1만을 선발시켜 강을 뒤로 하고 진을 치게 했다. 이것이 유명한 「배수진(背水陣)」이다. 조나라 군사는 이를 바라보더니 그 어리석음을 비웃어 크게 웃었다. 그러나 마침내 한나라 군사는 조나라 군사를 협공하여 크게 깨뜨렸다.

모든 장수들은 적병의 목과 포로를 내놓으며 전승을 축하했다. 이때 한신에게 이렇게 물었다.

「병법에는 『산과 언덕을 오른쪽으로 하여 등지고 못과 강은 앞으로 하여 왼쪽에 두라』고 되어 있습니다. 그런데 이번에 장군께서는 우리에게 명하시되, 이것과 정반대로 강을 등에 지고 포진케 했으며 『조나라를 깨뜨린 다음 다 같이 아침을 먹자』고 말씀하셨습니다. 저희들은 마음속으로 받아들이지 않았습니다. 그러나 결국은 이겼습니다. 이

한 신

것은 어떤 전법입니까?」

「이것도 병법에 있는 것인데 생각건대 여러 장군들이 보지 못했을 뿐이오. 『죽을 땅에 빠뜨린 뒤라야 살 길이 생긴다(陷之死地而後生), 망하게 된 처지에 선 다음에야 비로소 멸망하지 않게 된다』란 말이 병법에 있지 아니하오. 나는 평소부터 사대부들을 길들여 따르게 할 수 있었던 것이 아니고, 시장바닥에 있는 사람들을 내몰아서 싸움을 시키는 것과 같았소. 그러므로 그들을 죽을 자리에 놓아두어 나가서 싸움을 하게 한 것이오. 그들에게 살아날 수 있는 틈을 주었다면 모두 도망했을 것이오. 그렇게 되어 가지고는 무슨 일을 할 수 있겠소?」

모든 장수들이 탄복했다.

❹ 假途滅虢 (가도멸괵) 假途灭虢 빌릴 **假** 길 **途** 멸망할 **滅** 나라이름 **虢**

길을 빌려 괵나라를 멸한다. 군사계획의 의도를 숨기기 위한 구체적 수단으로 쓰이는 계책을 이르는 말.

《천자문》에 있는 말이다.

「길을 빌려 괵나라를 멸망시키고, 천토에서 제후들을 모아 맹세하였다(假途滅虢 踐土會盟)」

괵(虢)나라는 주(周)나라 문왕의 아우인 괵중이 세운 제후국인데, 진(晉)나라의 침입으로 괵나라가 멸망함으로써 생겨난 이야기다.

춘추시대 이웃나라인 우(虞)나라와 괵나라는 진나라와 경계가 서로 맞닿아 있었다. 진나라의 헌공(獻公)이 괵나라로 쳐들어가려고 순식(荀息)에게 그 의견을 묻자, 순식이 말했다.

진헌공과 순식

「괵나라로 가려면 우나라를 통과해야 하므로 우나라 왕에게 옥과 말을 보내 길을 빌려달라고 해야 합니다」

순식의 계략에 따라 헌공은 우나라로 옥과 말을 보냈는데, 욕심 많은 우나라 왕은 재상 궁지기(宮之奇)와 논의하였다.

우나라의 현인 궁지기는 헌공의 속셈을 알고 우왕에게 간언했다.

「괵나라와 우나라는 한 몸이나 다름없는 사이여서 괵나라가 망하면 우나라도 망할 것입니다. 옛 속담에도 수레에서 덧방나무와 바퀴는 서로 의지하고(輔車相依), 입술이 없어지면 이가 시리다(脣亡齒寒)고 했습니다. 이는 바로 괵나라와 우나라의 관계를 말한 것입니다. 결코 길을 빌려주어서는 안 될 것입니다」

그러나 뇌물에 눈이 어두워진 우왕이 말했다.

「진과 우리는 동종(同宗)의 나라인데 어찌 우리를 해칠 리가 있겠소?」

궁지기

진왕은 궁지기의 말을 듣지 않았다. 궁지기는 후환이 두려워, 「우리나라는 올해를 넘기지 못할 것이다」 라는 말을 남기고 가족과 함께 우나라를 떠났다.

진나라는 궁지기의 예견대로 12월에 괵나라를 정벌하고 돌아오는 길에 우나라도 정복하고 우왕을 사로잡았다.

일찍부터 괵나라와 우나라를 정복하려는 야심을 가졌던 진나라가 우나라에게 길을 빌려달라는 핑계로 괵나라를 무너뜨린 뒤 우나라까지 쳐들어가 멸망시켰다는 고사에서 유래한 말이다. 군사계획의 의도를 숨기기 위한 구체적 수단으로 쓰이는 계책이다.

여기서 또 「보거상의(輔車相依)」와 「순망치한(脣亡齒寒)」의 고사도 생겨났다.

❺ 踐土會盟 (천토회맹) 践土会盟 밟을 **踐** 흙 **土** 모일 **會** 맹세 **盟**

천토에서 제후들을 모아 맹세하였다.

《천자문》에 있는 말이다.

「길을 빌려 괵나라를 멸망시키고, 천토에서 제후들을 모아 맹세하였다(假途滅虢 踐土會盟)」

진(晉)나라 문공은 5대에 걸친 골육상쟁(骨肉相爭) 끝에 비로소 제후가 된 후 빠르게 안으로는 정치와 민심을 안정시키고, 밖으로는 주나라 왕실의 내란(內亂)으로 제후국인 정나라에 피신해 있던 양왕(襄王)을 도와 천자의 자리를 찾아주었고, 남쪽의 초(楚)나라의 침입으로부터 중원의 제후국들을 지켜주었다.

진문공 조상(彫像)

문공은 BC 632년 「성복(城濮) 전투」에서 초나라 군을 크게 물리친 후, 각국의 제후들을 모이도록 하는 한편 주나라 천자 양왕(襄王)을 불러와 천토(踐土)에서 동맹을 맺었다. 이 천토(踐土)의 회맹을 통해 문공(文公)은 명실상부하게 중국 대륙을 호령하는 패자(覇者)가 될 수 있었다.

이로써 문공(文公)은 역사상 제(齊)나라 환공에 이어 두 번째로 패자가 된 인물이 되었으며, 진(晋)나라는 어느 누구도 넘볼 수 없는 국력과 위엄을 누리게 되었다.

❻ 土崩瓦解 (토붕와해)

土崩瓦解 흙 **土** 무너질 **崩** 기와 **瓦** 풀 **解**

「흙이 무너져 내리고 기와가 산산조각이 난다」는 뜻으로, 사물이 근본에서부터 무너져버려 도무지 손을 쓸 수가 없는 상태를 비유하여 이르는 말이다. 《사기》 평진후주보열전에 있는 말이다.

한무제와 중신들 조상(彫像)

한(漢)나라는 개국 이후 제6대 황제인 경제(景帝)에 이르기까지 오랜 기간을 평온하게 보내 국력이 충만했다. 제7대 황제로 즉위한 무제는 중앙집권을 강화하고 흉노를 토벌하는 등 여러 가지 개혁을 단행했다. 그 결과 나라의 위세를 만방에 떨칠 수 있었으나, 필연적으로 국력이 소모된 상황이었다. 이 때, 조나라 사람 서악(徐樂)이 글을 올려 흉노 정벌의 불가함을 간했다.

「신은 『천하의 근심은 밑에서 서서히 무너져 내리는 토붕(土崩)에 있지 누(壘)가 갑자기 허물어져 내리는 와해(瓦解)에 있지 않다. 이것은 예나 지금이나 마찬가지다』라는 말을 들었습니다. 무엇을 토붕이라고 합니까? 진나라의 말세가 바로 이것입니다. 진승(陳勝)은 천승(千乘)의 높은 지위에 있지도 않았고, 한 자의 땅도 없었으며, 신분 또한 왕공(王公)이나 대인(大人), 명가의 후손도 아니며, 공자 · 묵자 · 증자와 같은 현인도 아니고, 도주(陶朱)나 의돈(猗頓) 같은 부자도 아니었습니다. 그러나 그가 가난한 골목에서 일어나 갈래진 창을 휘두르며 팔을 걷어붙이고 큰 소리로 부르자, 천하 사람들이 바람에 휩쓸리듯이 그를 따랐습니다. 이것은 무엇 때문이겠습니까? 그것은 백성들이 괴로워해도 군주가 그들을 불쌍히 여길 줄 모르고, 아랫사람이 원망해도 위에서는 알지 못하고, 풍속이 이미 어지러워지고 정치가 바로잡히지 않았기 때문입니다. 이 세 가지가 진승이 밑천으로 삼은 것입니다 이것을 토붕이라고 합니다. 그래서 천하의 근심은 토붕에 있다고 하는 것입니다. 무엇을 와해라고 합니까? 오·초·제·조의 반란이 바로 이것입니다. 일곱 나라가 모의하여 대역을 범하고 저마다 만 승의 천자라 일컬으며, 병력이 수십만, 위세는 나라 안을 위협하기에 충분했으며, 재물은 사민(士民)을 반란으로 끌어들이기에 충분했습니다. 그럼에도 불구하고 서쪽으로 한 자 한 치의 땅도 빼앗지 못하고 중원에서 사로잡히는 처지가 되고 말았습니다. 그것은 무엇 때문이겠습니까? 그들의 권위가 필부보다 가볍고 병력이 진승보다도 약했기 때문이 아닙니다. 당시만 해도 선제의 은택이 아직 쇠퇴하지 않아 그 땅에서 안주하여 풍속을 즐기는 백성들이 많았기 때문에 제후를 밖에서 도와주는 자가 없었습니다. 이것을 바로 와해라고 합니다. 그러므로 천하의 근심은 와해에 있는 것이 아니라고 하는 것입니다」

「토붕」은 흙(지반)이 무너진다는 뜻으로, 그 위에 존재하는 것이 따라서 무너지므로 그 피해가 막심하다. 「와해」는 기와가 깨진다는 뜻으로, 토붕보다 피해가 덜하다. 이처럼 원래는 토붕과 와해가 구분되었으나, 나중에 하나의 성어로 합쳐졌다.

반고(班固)는 《사기》 진시황본기에 이렇게 논평했다.

「진나라가 쇠퇴한 지 오래 되어 천하가 흙이 무너지고 기와가 깨진 형국이니, 비록 주공과 같은 인재가 있었다고 하더라도 그 재주를 펼칠 수 없었을 것이다(秦之積衰 天下土崩瓦解 雖有同旦之材 無所復

陳其巧)」

⑦ 牽强附會 (견강부회)

牽强附会　끌 **牽** 굳셀 **强** 붙을 **附** 모을 **會**

견강부회(牽强附會)는 본래 「전혀 가당치도 않은 말이나 주장을 억지로 끌어다 붙여 조건이나 이치에 맞추려고 하는 것을 비유한 말인 「견합부회(牽合附會)」라고 쓴 것이 유래로, 송(宋)나라 정초(鄭樵)의 「통지총서(通志總序)」에 나오는 말이다.

전혀 가당치도 않은 말이나 주장을 억지로 끌어다 붙여 조건이나 이치에 맞추려고 하는 것을 비유한 말로서, 자기합리화와 같은 말이다.

이와 유사한 표현으로 「수석침류(漱石枕流)」는 돌로 양치질하고 흐르는 물을 베개 삼는다는 뜻이다. 사실은 물로 양치질하고 돌을 벤다고 해야 맞으므로, 이것은 자기 논리나 행동이 어긋났는데도 옳다고 억지 부리는 것을 꼬집는 말이다. 또한 「천착지학(穿鑿之學)」은, 말을 멋대로 끌어다가 억지로 이치에 맞도록 하는 학문, 즉 견강부회하는 학문을 일컫는 말이다.

「추주어륙(推舟於陸)」은 배를 밀어 육지에 댄다는 뜻이니, 역시 되지 않을 일에 억지를 쓴다는 말이다. 그 밖에 「영서연설(郢書燕說)」이란 표현이 있는데, 이는 영 땅의 사람이 쓴 편지를 연나라 사람이 잘못 해석하고도 자신이 해석한 내용대로 연나라를 다스렸다는 고사에서 유래한다.

「채반이 용수가 되게 우긴다」는 우리 속담이 있으니, 사리에 맞지 아니하는 의견을 끝까지 주장하는 경우를 비꼬아 이르는 말로서, 가당치도 않은 의견을 끝까지 주장한다는 말이요.

「홍두깨로 소를 몬다」는 속담 역시 무리한 일을 억지로 한다는 뜻으로, 「견강부회」와 통한다. 그 밖에 「아전인수(我田引水)」 등이 이와 비슷한 말이다.

❽ 城下之盟 (성하지맹) 城下之盟 성 城 아래 下 의 之 맹세 盟

핍박에 못 이겨 굴욕적으로 맺은 조약. 성 아래에서의 맹세가 「성하지맹」이다. 적에게 성을 포위당한 끝에 견디다 못해 나가 항복하는 것이 성하지맹이다. 《춘추좌씨전》 환공(桓公) 12년(BC 700)의 기록에 다음과 같은 말이 있다.

「그 계책을 따르니 교(絞) 사람들은 초나라 인부 30명을 사로잡았다. 이튿날에는 교 사람들이 서로 앞 다투어 나서서 초나라 인부들을 쫓아 산 속으로 달려갔다. 초나라 군사들이 그 북문을 지키고 산 아래 숨어 있었으므로 교 사람들은 대패하여 성 아래서 맹세하고 돌아갔다(楚人坐其北門 而覆諸山下 大敗之 爲城下之盟而還)」

초(楚)나라가 교로 쳐들어갔을 때의 일을 보여주는 것이다.

초나라가 교(絞)를 쳐들어가 성 남문에 진을 쳤다. 막오(莫敖)라는 벼슬에 있는 굴하(屈瑕)가 계책을 말했다.

「교 땅의 사람들은 도량이 좁고 경솔합니다. 사람이 경솔하면 또한 생각하고 염려하는 것이 부족합니다. 땔나무를 하는 인부들을 호위병을 딸리지 않은 채 내보내서 이것을 미끼로 삼아 그들을 치는 것이 어떻겠습니까?」

굴 하

그래서 굴하의 꾀에 따라 나무하는 인부들을 호위병 없이 내보냈다. 교 땅 사람들은 예상한 대로 북문을 열고 나와 산 속에 있는 초나라 인부를 30명이나 잡아갔다.

이튿날은 더 많은 인부를 내보냈다. 교 땅 사람들은 어제 있었던 일에 재미를 붙여, 성문을 열고 서로 앞을 다투어 산 속의 인부를 쫓기에 바빴다. 초나라 군사는 이 틈에 북문을 점령하고, 산기슭에 숨겨 두었던 복병이 일어나 성 밖으로 나온 군사를 습격함으로써 크게 승리를 거두고 성 아래에서의 맹세를 하고 돌아왔다는 것이다.

성 아래에서의 맹세는 압도적인 승리와 패배를 뜻하므로 「성하지맹」을 당하는 쪽의 굴욕은 견디기 어려운 것이 아닐 수 없다. 이를 증명해 주는 예가 선공(宣公) 15년의 기록에 나온다.

초나라가 송나라 성을 포위했을 때 송나라가 끝내 버티고 항복을 하지 않는지라, 초나라는 신숙시(申叔時)의 꾀를 써서 숙사를 짓고 밭을 가는 등 장기전 태세를 보였다.

과연 송나라는 겁을 먹고 사신을 보내 화평을 청해 왔다.

「성 아래에서의 맹세는 나라가 망하는 한이 있어도 맺을 수가 없습니다. 그러니 군대를 30리만 후퇴시켜 주십시오. 그러면 어떤 조건이라도 받아들이겠습니다」

「성하지맹」은 교 사람들이 성 아래까지 진격해 들어온 초나라에게 항복할 것을 맹세하는, 즉 초나라에게는 압도적인 승리요, 교에게는 굴욕적인 패배를 비유한 말이다. 제대로 반격해 보지도 못하고 항복하여 치욕적인 강화를 하는 것을 말한다.

이것을 볼 때 「성하지맹」이 얼마나 당하는 쪽에는 견딜 수 없는 굴욕인지를 알 수 있다.

하준약법 한폐번형

74. 何遵約法 韓弊煩刑 何遵约法 韩弊烦刑

❶ 無(무) 可(가) 奈(내) 何(하)

❷ 何(하) 遵(준) 約(약) 法(법)

❸ 約(약) 法(법) 三(삼) 章(장)

❹ 春(춘) 秋(추) 筆(필) 法(법)

❺ 韓(한) 海(해) 蘇(소) 潮(조)

❻ 爲(위) 法(법) 自(자) 弊(폐)

❼ 食(식) 少(소) 事(사) 煩(번)

❽ 炮(포) 烙(락) 之(지) 刑(형)

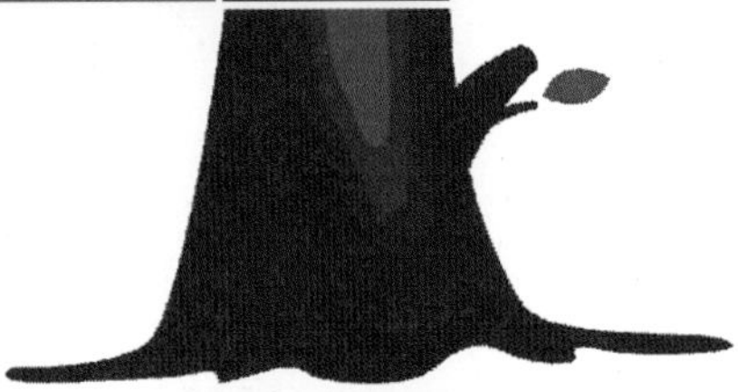

풀이

❶ 無可奈何(무가내하) 无可奈何 없을 **無** 옳을 **可** 어찌 **奈** 어찌 **何**

「가히 어찌 할 수가 없다」는 뜻으로, 매우 고집을 부리거나 버티어서 어떻게 할 도리가 없다는 말이다.

《사기》 범수채택열전에 있는 이야기다.

범수(範雎 : ?~BC 255)가 진(秦)나라 재상이 되었을 때 왕계(王稽)라는 사람이 있었다. 그는 일찍이 범수를 도와준 적도 있고, 또 범수를 진나라에 데려온 사람이기도 했지만, 벼슬은 한 번도 승진을 하지 못해서 아직도 원래의 관직에 머물러 있었다. 이에 왕계는 범수에게 말하기를,

「알 수 없는 일이 세 가지가 있으며, 어찌할 수 없는 일도 세 가지가 있다(事有不可知者三 有不可奈何者亦三). 그 알 수 없는 일 중 하나는 임금이 어느 날 갑자기 붕어하는 것이고, 둘째는 혹시 재상께서 갑자기 세상을 떠나는 것이며, 셋째는 내가 어느 날 산골짜기에서 죽을지 알 수 없는 것이다. 그리고 세 가지 할 수 없는 일이란 임금이 붕어할 때 나를 원망해도 할 수 없고(君雖恨于臣 無可奈何), 재상께서 세상을 떠날 때 나를 원망해도 할 수 없으며, 내가 갑자기 죽게 되어 재상께서 나를 원망해도 그 역시 할 수 없는 일이지요」라고 말했다.

이 말을 듣고 범수는 매우 불쾌해서 진소왕 앞에 나가 왕계의 관직을 올려줄 것을 상주해 왕계는 그제야 비로소 하동수(河東守)로 진급되었다고 한다.

《사기(史記)》 혹리열전(酷吏列傳)에도 다음과 같은 이야기가 있다.

한(漢)나라 무제 때 전쟁으로 말미암아 농민들의 부담이 점점 늘어나

백성들의 생활이 궁핍해지자 여러 지방에서 농민들의 봉기가 일어났다. 조정에서는 관리들을 파견하고 군대를 보내 반란군을 탄압하고 학살하며 봉기를 진압해 나갔으나, 반란군은 「대규모로 험한 산천을 끼고 고을에 자리 잡고 굳게 막아 지키는 기세가 하늘을 찌를 듯하여 어찌 할 도리가 없었다(復聚黨而阻山川者 往往而郡居 無可奈何)」

이 말은 《사기》 이전에 《장자》 인간세편에도 나온다.

공자가 말하기를,

「어찌할 수 없다는 것을 운명에 결정된 대로 편안히 행하는 것이 지극히 덕스런 품성이다(知其不可奈何而安之若命 德之至也)」라고 했다.

「막가내하(莫可奈何)」 또는 「막무가내(莫無可奈)」라고도 한다. 「무가여하(無可如何)」 「불가내하(不可奈何)」도 같은 뜻이다.

❷ 何遵約法 (하준약법)

何遵约法 어찌 **何** 따라갈 **遵** 요약할 **約** 법 **法**

소 하

소하(蕭何)는 간소한 법으로 나라를 다스렸다.

《천자문》에 있는 말이다.

「소하는 간소한 법으로 나라를 다스렸고, 한비자는 번거로운 형법으로 피폐해졌다(何遵約法 韓弊煩刑)」

「하(何)」는 한고조 유방의 명재상 소하를 가리키며, 「한(韓)」은 전국시대 법가사상가 한비자(韓非子)를 가리키는 말이다.

진시황이 천하를 통일한 후 16년 만에 진(秦)나라가 멸망한 이유 가운데 하나가 바로 지나치게 엄격하고 가혹하며 까다로운 진(秦)나라의 법령이었다.

한비자

천하통일 후 진나라의 국가이념이자 통치수단인 엄격하고 가혹한 법 적용은 민심과 정치를 불안정하게 하였고 끝내 전국 각지에서 반란이 일어나 제국을 무너뜨린 주요한 원인이 되어버렸다. 그래서 한(漢)나라 개국 후 소하는 진나라의 가혹하고 까다로운 법령을 폐기하고 한나라 고조 유방이 말한 「약법삼장(約法三章)」만 적용해 나라를 다스렸다.

그러나 한비자가 저서 《한비자》에 집대성하여 놓은 춘추전국시대 법가사상과 법치에 관한 내용은 진시황이 천하를 통일하고 나라를 다스리는 데 커다란 역할을 했다고 하겠다.

③ 約法三章(약법삼장) 约法叁章 간략할 **約** 법 **法** 석 三 나타낼 **章**

법률은 간략함을 존중한다.

약법(約法)은 약속한 법이란 뜻이다. 그러나 간단한 법이란 어감을 동시에 주는 말이다. 「약법삼장」은 약속한 법이 겨우 세 가지란 뜻으

한고조 유방 함양 입성도

로, 원래는 진(秦)나라 서울 함양을 점령한 패공(沛公) 유방이 진나라 부로들에게 한 약속을 가리킨 것이다. 지금은 법이 복잡하지 않고 간편해야 한다는 뜻으로 쓰이고 있다.

《사기》 고조본기에 다음과 같은 이야기가 있다.

한(漢) 원년(BC 206) 10월, 유방은 진나라 군사를 쳐서 이기고 수도 함양 동쪽에 있는 패상(覇上)으로 진군했다. 이때 진왕(秦王) 자영(子嬰)은 유방을 멀리 나와 맞으며 황제의 인수와 부절(符節)을 상자에 넣어 올리고 항복을 했다.

장수들 중에는 자영을 죽이자는 사람들이 많았지만 유방은 듣지 않고 다만 감시만을 하게 했다.

다시 진군하여 함양에 입성한 유방은 궁궐의 화려한 모습과 아리따운 후궁의 여자들을 보는 순간 조금도 그곳을 뜨고 싶은 생각이 없었다. 그러나 번쾌와 장양(張良)의 권고로 다시 패상으로 돌아왔다.

패상으로 돌아온 유방은 진나라의 많은 호걸들과 부로들을 불러 모아 놓고 이렇게 말했다.

「여러분들은 진나라의 까다로운 법에 고통을 받은 지 오래다. 진나라 법을 비방하는 사람은 가족까지 죽이고 짝을 지어 이야기만 해도 사형에 처했다. 나는 제후들과 약속하기를, 먼저 관중(關中)에 들어가는 사람이 왕이 되기로 했다. 그러므로 내가 관중의 왕이 될 것이다. 나는 여러분들과 약속한다. 법은 3장뿐이다(約法三章). 즉,

1. 사람을 죽인 사람은 죽는다(殺人者死).
2. 사람을 상케 한 사람과 도둑질한 사람은 죄를 받는다(傷人反盜抵罪).
3. 나머지 진나라의 법은 모두 없애버린다(餘悉除去秦法).

모든 관리들과 사람들은 다 전과 다름없이 편안히 살기 바란다. 내가 온 것은 여러분을 위해 해독을 제거하려는 것이다. 괴롭히러 온 것은 아니니 조금도 두려워 말라……」

이리하여 사람들은 기뻐하며 유방이 진나라 왕이 되기를 바랐다고 한다. 진나라 궁궐을 불사르고 후궁의 여자와 보화들을 가지고 돌아간 항우와는 대조적이다.

한고조 유방

❹ 春秋筆法(춘추필법) 春秋笔法 봄 **春** 가을 **秋** 붓 **筆** 법 **法**

대의명분을 밝혀 세우는 사필(史筆)의 준엄한 논법을 비유하여 이르는 말이다. 「사서오경(四書五經)」 가운데 오경의 하나인 《춘추(春秋)》와 같이 비판의 태도가 썩 엄정함을 비유하여 이르는 말로 쓰이고,

또 대의명분을 밝혀 세우는 사필(史筆)의 준엄한 논법(論法)을 이르는 말이기도 하다.

이 말은 《춘추》의 문장에는 공자의 역사비판이 나타나 있다고 하는 데서 비롯된 것으로, 중국의 경서(經書) 《춘추》와 같은 비판적인 태도로 오직 객관적인 사실에만 입각하여 기록하는 것을 의미한다. 일명 「춘추직필(春秋直筆)」이라고도 한다.

공 자

《춘추》는 중국 고대의 사서(史書)로, 춘추시대 노(魯)나라 은공(隱公) 초년(BC 722)부터 애공(哀公) 14년(BC 481)에 이르기까지 12대 242년간의 연대기이다. 「사서(四書)」의 하나인 《맹자(孟子)》에 따르면, 《춘추》는 BC 5세기 초에 공자가 엮은 것으로 전해진다.

노나라 242년간의 사적에 대하여 간결한 사실(史實)을 적고, 선악을 논하고 대의명분을 밝혀 그것으로써 천하 후세의 존왕(尊王)의 길을 가르쳐 천하의 질서를 유지하려 한 것으로 전해진다. 이 표현법이 「춘추의 필법」으로 일컬어졌으며, 「춘추삼전(春秋三傳)」으로 불리는 《공양전(公羊傳)》, 《곡량전(穀梁傳)》, 《좌씨전(左氏傳)》의 세 주석서가 바로 그것으로, 편년체(編年體) 서술의 시조로 평가된다.

공자는 춘추시대 말기의 사람으로 노나라 태생이다. 그가 살던 시대는 하극상과 약육강식이 만연했던 시대였다. 공자는 그 시대의 혼란상을 보면서 저마다 자기 직분을 잃고 있기 때문이라고 판단하여 「임금은 임금, 신하는 신하, 부모는 부모, 아들은 아들다워야 한다(君君臣臣 父父 子子)」라고 말하여 각자의 직분을 지켜야 함을 강조했다. 그리고 과거를 거울삼아 기강이 무너진 천하를 바로잡아야겠다는 취지로 《춘추》를 집필하게 되었다.

공자가 깎고 다듬은 《춘추》

사건을 기록하는 기사(記事), 직분을 바로잡는 정명(正名), 칭찬과 비난을 엄격히 하는 포폄(褒貶)의 원칙을 세워, 여기에 어긋나는 것은 철저히 배격했으며, 오직 객관적인 사실에 입각하여 자신의 판단에 따라 집필했다. 특히 선왕(先王)의 업적을 평가할 때에도 이 원칙은 예외 없이 지켜졌다. 오직 정사(正史)를 기록한다는 신념으로 외압에도 굴하지 않고 버텨 편년체의 효시인 《춘추》를 완성했다. 여기에서 비롯하여 대의명분을 좇아 객관적인 사실에 입각하여 준엄하게 기록하는 논법을 「춘추필법」이라 부르게 되었다.

이와 유사한 의미로, 역사를 기록함에 권세(權勢)를 두려워하지 않고, 있는 그대로 써서 남기는 일을 이르는 말로서, 「동호지필(董狐之筆)」이라는 말이 있다. 이 말은 춘추시대 진(晉)나라의 사관인 동호(董狐)가 당시의 사실을 숨기지 않고 사실대로 직필함을 일컫는 말로서, 「동호직필(董狐直筆)」이라고도 한다.

⑤ 韓海蘇潮 (한해소조)

韩海苏潮 나라 **韓** 바다 **海** 되살아날 **蘇** 밀물 **潮**

한 유

명(明)나라 양신(楊愼)의 《단연록(丹鉛錄)》에 있는 말이다.

「한유(韓愈)의 문장은 왕양(汪洋)하여 바다와 같고, 소식(蘇軾)의 문장은 파란(波瀾)이 있어 조수(潮水)와 같아 오르락내리락 한다(韓海蘇潮上下之)」

한유와 소식의 문장을 비교해 이르는 말이다.

또 이기경(李耆卿)의 《문장정의(文章精義)》에 이르기를, 「한유의 문장은 바다와 같고, 유종원의 문장은 샘물과 같으며, 구양수의 문장은 물결과 같고, 소식의 문장은 조수와 같다(韓如海 柳如泉 歐如瀾 蘇如潮)」 라고 했다.

⑥ 爲法自弊 (위법자폐)

为法自弊 만들 **爲** 법 **法** 스스로 **自** 넘어질 **弊**

자기가 정한 법을 자기가 범하여 처벌을 받는다는 뜻으로, 자기가 놓은 덫에 자기가 걸려듦을 이르는 말. 자기가 한 일로 인하여 자신이 고난을 받음을 이르는 말. 「제가 놓은 덫에 제가 치인다」는 속담과 같다.

「작법자폐(作法自斃)」와 같은 말이다. 弊 와 斃는 둘 다 넘어진다는 뜻이다.

《사기》 상군열전(商君列傳)에 있는 이야기다.

전국시대 진(秦)나라 효공(孝公)은 진나라가 중원의 여러 나라로부터 오랑캐로 대우받을 정도로 기강이 해이해짐을 한탄했다. 그래서 나라를 바로잡고자 이상론자 상앙(商鞅)을 재상에 임명했다. 상앙은 먼저 낡은 법률과 제도를 뜯어고치는 변법(變法)을 단행했다. 여기서 변법(變法)이란 법을 고치다라는 의미인데 기존의 법률을 고쳐 개혁을 시행한다는 의미다.

상앙의 변법을 간단하게 설명하면, 「호적을 마련하여 백성을 다섯 가구 또는 열 가구로 나누고 포함된 가구가 서로를 감시하고 죄를 저질렀을 경우 고발하는 것을 의무로 하며, 만약 죄를 범한 자가 나오지 않는 경우 포함된 모든 가구가 연좌제로 처벌되고, 반대로 죄를 지은 자를 신고하면 전쟁에서 적의 목을 가져온 것과 같은 공으로 한다.

또 한 가구에 두 명 이상의 성인 남자가 있으면서 분가하지 않는 경우에는 세금을 배로 물린다.

전쟁에서 세운 공적에 대해서는 작위를 내리며, 사사로운 싸움을 일으킨 경우에는 정도에 따라 형벌을 내린다.

남자는 농업, 여자는 가내 수공업에 힘써 높은 수확을 한 자는 세금이 면제되며 상업에 종사하거나 게을러서 가난한 자는 노예로 삼는다.

특권 계급이라고 하더라도 전공이 없는 자는 신분을 박탈한다.

이와 같은 법령을 사회 규범의 중심으로 삼는다」 하는 것이다.

당연 기득권 세력들의 반대에 부닥쳤으나 왕의 강력한 지원 아래 변법(變法)이란 법을 만들고 태자까지 잡아들이는 등 엄격히 법을 시행했다. 새로운 법령이 시행된 지 1년 만에 백성들 사이에 불편하다고 호소

하는 자들이 많았다. 이때 태자가 법을 어기는 행위를 하였다. 상앙이 말했다.

작법자폐에 번민하는 상앙

「법이 지켜지지 않는 것은 위에서부터 법을 어기기 때문이다」

그리고는 태자를 처벌하려 하였으나, 태자는 효공의 뒤를 이을 신분이었으므로 차마 형벌을 내릴 수는 없었다. 그 대신 태자의 태부(太傅)인 공자 건(虔)을 처벌하고 스승인 공손고(公孫賈)를 자자형(刺字刑 : 이마에 글자를 넣는 형)에 처했다. 이로부터 백성들이 두려워하여 모두 새 법령을 따르게 되었다.

이렇게 해서 진나라는 얼마가지 않아 기강이 서는 나라가 되었다.

그러나 효공이 죽고 혜왕이 즉위하자 상황이 이상하게 돌아갔다. 반대파가 상앙이 역적모의를 했다고 음해했고, 혜왕도 태자 때의 안 좋은 감정이 더하여져 즉각 체포령을 내렸다. 상앙은 도망쳐 숨어 다니다가 어느 날 하룻밤 묵고 가려고 주막에 찾아들었다. 그러나 주막 주인은 이렇게 말하면서 재워주기를 거절했다.

「여행증이 없는 손님의 신분을 확인하지 않고는 재워드릴 수가 없습니다. 이를 어겼다가는 상앙의 법률에 따라 큰 벌을 받게 됩니다」

상앙은 탄식하며 중얼거렸다.

「아, 신법의 피해는 급기야 내 몸에까지 미쳤구나(作法自斃)!」

상앙은 진나라를 떠나 위(魏)나라로 갔다. 위나라 사람들은 상군이 공자 앙(卬)을 속여서 위나라 군사를 깼던 것을 원망하며 그를 받아들이지 않았다. 상군이 다른 나라로 가려고 하자, 위나라 사람들은 이렇게 말했다.

「상군은 진나라의 국적(國賊)이다. 진나라는 강국으로 그 적(賊)이 위나라에 들어온 이상 진나라로 돌려보내지 않으면 안 된다」

그러면서 마침내 상군을 진나라로 되돌려 보냈다. 진혜왕(秦惠王)은 그를 붙잡아 거열형(車裂刑)으로 다스려 백성들에게 보이면서 경고했다.

거열형

「상앙과 같은 모반자가 되지 말라!」

그리고는 마침내 상군의 일족을 멸했다.

「자승자박(自繩自縛)」, 「자업자득(自業自得)」과 비슷한 뜻이다.

❼ 食少事煩 (식소사번)

食少事煩 먹을 **食** 적을 **少** 일 **事** 번거로울 **煩**

자신의 몸은 돌보지 않고 일에 몰두함을 비유하여 이르는 말.

흔히 생기는 것도 없이 분주하게 뛰어다녀야만 하는 직업이나 생활을 가리켜 가벼운 뜻으로 하는 말이다. 그러나 이 말은 남을 두고 하면 실례가 되고 자신을 두고 말하면 불길한 뜻이 되는 말이다. 하지만 말이란 반드시 유래를 알고 하는 것이 아니므로 쓰이는 그대로 알면 그만이다.

《진서》 선제기에 있는 이야기로, 사마의(司馬懿)가 제갈량을 두고 한 말이다.

제갈량

제갈량이 두 번째 「출사표(出師表)」를 내고 비장한 각오로 힘겨운 위(魏)나라 공략을 시작했을 때의 이야기다. 제갈량은 사마의를 끌어내어 빨리 승패를 결정지으려 했으나, 사마의는 지구전으로 제갈량이 지칠 때만을 기다리고 있었다.

이렇게 서로 대치해 있는 가운데 사자들은 자주 오고 갔다. 그러던 중 사마의가 제갈량이 보낸 사자에게 물었다.

「공명은 하루 식사를 어떻게 하며, 일 처리를 어떻게 하시오?」

그러자 사자는 음식은 아주 적게 들고, 일은 새벽부터 밤중까지 손수 처리한다고 했다.

그러자 사마의는, 「먹는 것은 적고 일은 번거로우니(食少事煩) 어떻게 오래 지탱할 수 있겠소」 하고 말했다.

사자가 돌아오자 제갈량은, 「사마의가 무슨 말을 하던가?」 하고 물었다.

사자가 들은 그대로 전하자 제갈량도, 「중달(仲達)의 말이 맞다. 나는 아무래도 오래 살 것 같지가 않다」 고 말했다는 것이다.

그리하여 결국 그 길로 병이 들어 세상을 떠났으니, 「식소사번」 이 그 자체의 뜻이나 유래가 다 좋은 말은 못되는 것 같다.

❽ 炮烙之刑 (포락지형)

炮烙之刑 통째로 구울 **炮** 지질 **烙** 갈 **之** 형벌 **刑**

「불에 달군 쇠로 단근질하는 형벌」 이라는 뜻으로, 말 그대로 산 사람을 통째로 굽거나 불로 지지는 형벌로서, 잔인한 형벌을 비유하는 말이다.

《사기》 은본기(殷本紀)에 있는 이야기다.

어느 해, 은나라 주왕(紂王)은 유소씨(有蘇氏)의 나라를 정벌했는데, 그때 유소씨는 복종하는 표시로 달기라는 미녀를 헌상했다. 달기가 어느 정도로 아름다웠는지는 모른다. 그저 요염한 미인으로 세상에서도 드물게 보는 독부였었다고 적혀 있을 뿐이다. 어쨌든 그녀의 요염한 아름다움은 곧 주왕의 마음을 사로잡아, 그녀의 말은 그대로 주왕의 정령(政令)이 되었다.

정치는 달기의 마음을 사기 위한 도구가 되어버리고 말았다. 그 결과 주왕은 달기와의 음락(淫樂)을 유지하기 위해 새로운 세법을 계속 제정했다. 거교(鉅橋)의 창고는 징수한 미속(米粟)으로 가득 차고, 훌륭한 견마(犬馬), 진기한 보물 류는 속속 궁중으로 모여들었다. 그렇지 않아도

소달기

광대한 사구(沙丘)의 이궁(離宮)은 더욱 더 확대되고 수많은 조수(鳥獸)가 그 안에 놓여 길러졌다. 이런 상황 아래서 주지육림의 음락이 펼쳐진 것이다. 당연히 중세(重稅)에 허덕이는 백성들로부터 원망하는 소리가 높았다. 그 소리를 배경으로 반기를 드는 제후도 생기게 되었다.

그러자 주왕은 형벌을 가중시켜 「포락지형」이라는 새로운 형벌을 제정했다. 이궁 뜰에 구리 기둥이 가로놓이고, 음락의 비방자들이 그 앞으로 끌려나와 기둥을 건너라는 명령을 받는다.

그런데 이 기둥에는 미리 기름이 칠해져 있어 발이 미끄러지고 도저히 건너갈 수가 없다. 사고팔고(四苦八苦 : 온갖 고통)를 겪은 끝에 미끄러지며 떨어져 버린다. 떨어지기가 무섭게 그 밑에는 이글이글 타오르는 숯불더미가 있다. 글자 그대로 살아서 타죽는 것이다. 이 단말마(斷末魔)의 울부짖는 소리를 듣고 주왕과 달기는 박장대소를 하며 즐거워했다고 한다.

그 후 서백(西伯 : 뒷날 주의 문왕)이 하찮은 일로 주왕의 노여움을 사서 유리(羑里)의 옥에 감금당한 적이 있었다. 그러나 서백의 신하인 굉요(閎夭)와 산의생(散宜生) 들이 미녀・귀물・선마(善馬) 등을 푸짐하게 헌납하여 주왕의 노여움을 풀게 하고 가까스로 형벌을 면할 수가 있었다.

다시 양광(陽光)을 보게 된 서백은 그가 소유하는 낙서(洛西)의 땅을 헌상하고하다못해 「포락지형」만이라도 폐지할 것을 주상했다. 낙서 땅의 매력으로 주왕은 그것을 허락하여 이 잔혹한 형벌은 중지되었다고 한다.

유리성(羑里城)

75. 起翦頗牧 用軍最精 (기전파목 용군최정) 起翦颇牧 用军最精

❶ 東山再起 (동산재기)

❷ 起翦頗牧 (기전파목)

❸ 阿諛偏頗 (아유편파)

❹ 牧民之官 (목민지관)

❺ 無用之用 (무용지용)

❻ 斷頭將軍 (단두장군)

❼ 爲善最樂 (위선최락)

❽ 精神一到 (정신일도)

풀이

❶ 東山再起(동산재기) 东山再起 동녘 **東** 뫼 **山** 다시 **再** 일어날 **起**

동산에서 다시 일어난다는 뜻으로, 은퇴한 사람이나 실패한 사람이 재기하여 다시 세상에 나옴.

《진서》 사안전에 있는 이야기다.

사안 동산도

사안은 동진(東晉) 중기 진군(陳郡) 양하(陽夏) 사람으로, 자는 안석(安石)이다. 젊어서부터 명망이 높았고, 행서(行書)를 잘 썼다. 처음에는 세상에 뜻이 없어 발탁을 받고도 나가지 않았다.

오랫동안 회계(會稽)에서 은둔생활을 하면서 왕희지(王羲之)와 허순(許詢), 지둔(支遁) 등과 교유하면서 자연의 풍류를 즐겼다. 양주자사(揚州刺史) 유영(庾永)이 그의 평판을 듣고 몇 번이고 출사를 청하자 마지못해 한 달 남짓 관직에 있었지만, 곧 사임하고 돌아와 버렸다.

주위 사람들이 서운하게 여기자 사안은, 「지금의 상황으로는 관직에 그대로 머무는 것이 신상에 해로울 것 같다」 고 답하며 들은 체도 하지 않았다. 국내에서는 문벌세력이 서로 다투고 북쪽에서는 전진(前

秦)이 호시탐탐 기회를 노리고 있었던 것이다.

사 현

그러다가 나이 40에 이르러, 문벌세력을 제압한 정서대장군(征西大將軍) 환온(桓溫)이 청하자, 마침내 그의 휘하에 들어가 이부상서(吏部尙書)의 요직에까지 진급하였다. 그러나 환온이 제위를 넘보려 하자 이를 저지하고, 그 공으로 효무제(孝武帝)가 즉위한 후에는 재상이 되었다.

태원(太元) 8년(383) 전진(前秦) 왕 부견(苻堅)이 백만 대군을 이끌고 남하하여 비수(淝水)에 주둔했는데, 위세로 강동 일대가 진동했다. 정토대도독이 되어 동생 사석(謝石), 조카 사현(謝玄)과 함께 이들을 강력하게 방어하여 대승을 거두어 건창현공(建昌縣公)에 봉해졌다. 이어 사석 등에게 북정(北征)을 지시해 낙양과 청주, 연주 등을 수복하고, 양주와 강주, 형주 등 15주(州)의 군사(軍事)를 맡았다.

당시 회계왕(會稽王) 사마도자(司馬道子)가 정권을 잡고 있었는데, 배척을 당해 외직으로 나가 광릉을 지키다 얼마 뒤 병사했다.

「동산재기」는 이와 같이 사안이 동산에 은거하다가 관계에 나가 크게 성공한 것을 가리키던 말로, 오늘날에는 한번 실패했던 사람이 재기에 성공한 경우에까지 이 말을 사용하기도 한다.

❷ 起翦頗牧 起翦頗牧　일어날 **起** 자를 **翦** 자못 **頗** 칠 **牧**

기 전 파 목

백기(白起)와 왕전(王翦)은 진(秦)나라 장수요, 염파(廉頗)와 이목(李牧)은 조(趙)나라 장수이다.

《천자문(千字文)》에 있는 말이다.

「백기와 왕전과 염파와 이목은, 용병술이 가장 정확했다(起翦頗牧用軍最精)」

이 가운데 염파와 이목은 여러 나라 가운데서 진나라에 끝까지 맞섰던 조(趙)나라 명장이었다. 백기는 BC 260년에 장평에서 조나라 군대를 격파하여 40만 명을 죽였다. 왕전은 여섯 나라를 멸망시켰고 진시황은 노장(老將)인 그를 스승으로 모셨다고 사마천은 적고 있다. 이목은 기계(奇計)를 써서 흉노족 10만 명을 죽였다.

왕 전

백기 · 왕전 · 염파 · 이목은 전국시대 말기를 풍미(風味)한 명장들이었지만, 한결같이 좋지 않은 최후를 맞이했다. 왕전은 비록 자신의 불운은 피할 수 있었지만, 자신의 손자에 이르러 멸문을 당하는 비극을 피하지 못했다. 「칼로 일어선 자 칼로 망하고, 피로 일어선 자 피로 망하는 것」 일까?

❸ 阿諛偏頗

아유편파 阿諛偏頗 아첨할 **阿** 아첨할 **諛** 치우칠 **偏** 바르지 못할 **頗**

아유(阿諛)는 아부하고 아첨하다, 편파(偏頗)는 공정하지 못하고 어느 한쪽으로 치우쳐 있다는 뜻으로 아첨하여 한쪽으로 치우쳐 있음을 이르는 말.

❹ 牧民之官

목민지관 牧民之官 칠 **牧** 백성 **民** 갈 **之** 벼슬 **官**

백성(百姓)을 기르는 벼슬아치라는 뜻으로, 원이나 수령(守令) 등 외직 문관을 통칭하는 말.

외직·외관·외임(外任)이라고도 하며 중앙관직인 경관직(京官職)과 구별하였다. 조선시대에는 8도(道)의 감영(監營)을 비롯하여 부(府)·대도호부(大都護府)·목(牧) ·도호부(都護府)·군(郡)·현(縣) 등 모두 334개에 이르는 지방관서에 외관직을 두고, 이의 수령에 관찰사(觀察使 : 종2품)·부윤(府尹 : 종2품)·대도호부사(정3품)·목사(정3품)·도호부사(종3품)·군수(종4품)·현령(종5품)·현감(종6품) 등을 문관으로 임명하였으며, 이들이 목민지관(牧民之官)이다.

❺ 無用之用

무용지용 无用之用 없을 **無** 쓸 **用** 의 **之**

언뜻 쓸모없는 것으로 간주되고 있는 것이 오히려 큰 구실을 함.

「무용지물(無用之物)」이란 말이 있다. 아무 짝에도 쓸모없는 물건을 말한다. 그런데 아무 쓸모없는 것처럼 보이는 것이 실제로는 쓸모 있는 것이 되는 것이 「무용지용」이다. 세속 사람들이 생각하고 있는 그 반대편에 항상 진리가 있다고 주장하는 도가(道家)의 생각에서 나온 말이다.

대체 유용(有用)—소용이 된다는 것은 중요한 일임에는 틀림이 없다. 그러나 천박한 인간의 지혜로 요량하는 유용은 진정한 유용인지 어쩐지 모른다. 더 한층 높은 「도(道)」의 입장에서 보면, 범속(凡俗)한 인간들이 말하는 유용이란 아무런 쓸모도 없는 잔꾀, 아니 어리석음에 지나지 않고, 무용으로 보이는 것에 도리어 대용(大用)—참다운 용이 있다고도 말할 수 있지 않은가, 하고 철학자 장자는 무용의 용을 강조하고 있다.

그런 의미에서 장자의 책 중에는 「무용지용」을 많이 쓰고 있는데, 그 가장 대표적인 예의 하나로 《장자》 인간세편(人間世篇)에 이런 말이 씌어 있다.

장자와 혜시(혜자)

「산의 나무는 제 스스로를 해치고 있다. 기름불의 기름은 제 스스로 태우고 있다. 계피는 먹을 수 있는 것이기 때문에 사람들이 그 나무를 베게 된다. 옻은 칠로 쓰기 때문에 사람들이 칼로 쪼갠다. 사람은 모두 쓸모 있는 것의 쓸모만을 알고, 쓸모없는 것의 쓸모를 알지 못한다(人皆知有用之用 而莫知無用之用也)」

이것은 공자가 초나라에 갔을 때, 초나라 은자 광접여(狂接輿)가 공자가 묵고 있는 집 문 앞에서 한 말로 되어 있는 마지막 부분이다.

즉 산의 나무는, 그것이 인간의 소용에 닿기 때문에 결국 사람의 손에 의해 베여지게 되고, 등잔불의 기름으로 쓰이는 기름은 그것이 불을 켜면 환하게 밝아지는 기능 때문에 자신이 뜨거운 불에 타게 된다.

계피는 맛이 좋기 때문에 베임을 당하고, 옻나무는 옻칠을 하는 데 쓰이기 때문에 가지를 찢기고 살을 찢기게 된다. 사람은 모두 이렇게 쓸모 있는 것의 용도만을 알고 있을 뿐, 쓸모없는 것의 용도란 것을 모르고 있다는 것이다.

당나귀를 탄 장자

외물편(外物篇)에는 또 이런 이야기가 실려 있다. 혜자(惠子)가 장자에게 말했다.

「당신의 말은 아무 데도 소용이 닿지 않는 것뿐이다」

그러자 장자는 말했다.

「쓸모가 없는 것을 아는 사람이라야 무엇이 참으로 쓸모가 있는 것인지를 말할 수 있다. 땅이 넓지만 사람이 서는 데는 발을 둘 곳만 있으면 된다. 하지만 발을 둘 곳만을 남기고 그 주위를 깊숙이 파 버린다면 사람이 서 있을 수 있겠는가?」

「서 있을 수 없다」

「그렇다면 쓸모없는 것이 쓸모 있는 것이 되는 것 또한 알 수 있지 않는가?」

장자는 이 이야기에 계속해서, 무위자연(無爲自然)의 도에 살아야 한다는 것을 말하고 있다.

잘나고 못나고, 쓸모가 있고 없고 하는 것을 초월해야만 하늘(自然)을 온전히 할 수 있다고 말한다. 그러므로 「무용의 용」은 유용에 사로잡힌 세속 사람들에 대한 훈계의 말인 동시에 무위자연을 설명하기 위한 한 단계인 것이다.

❻ 斷頭將軍 (단두장군) 断头将军 끊을 **斷** 머리 **頭** 장수 **將** 군사 **軍**

죽어도 항복할 줄 모르는 장수.

「머리가 달아난 장군」이라는 뜻으로, 죽음에 굴복하지 않고 군사를 지휘 통솔하는 장수를 말한다.

《삼국지》 촉지(蜀志) 장비전에 있는 이야기다.

삼국시대 유비는 제갈량의 계책에 따라 동쪽으로는 손권과 손을 잡고 북쪽으로는 조조와 맞서 싸우는 병법을 썼다. 그러나 당시 유비는 호북과 형주 일대에서 발전하기도 어려웠거니와 고수하기도 어려웠다. 이에 유비는 제갈량과 방통의 제의에 따라 서천(西川)으로 진군하여 지세가 험준하고 산물이 풍부한 그곳에서 촉나라의 기틀을 공고히 다져 보고자 하였다.

그런데 당시 서천을 지키고 있던 장수는 바로 유비의 먼 인척 아우인

유장이었다. 그러나 패권을 잡기에 혈안이 되어 있던 유비에게는 그런 것쯤은 상관할 겨를이 없었다.

촉주 유비

유비의 부군사 방통이 대군을 이끌고 서천으로 진군할 때였다. 공교롭게도 방통이 중도에서 급사하자 군사 제갈량은 할 수 없이 관운장으로 하여금 형주를 지키게 하고 직접 서천으로 나가게 되었다. 제갈량은 우선 장비에게 만여 명의 군사를 주어 큰길을 따라 서진하게 하였다.

장비는 아무런 장애도 받지 않고 무난히 파군과 강주에 도착했다. 강주를 지키고 있던 사람은 당시 파군태수로 있던 노장 엄연이었는데, 그는 성문을 굳게 걸어 잠그고는 좀처럼 항복하려 하지 않았다.

장비가 사람을 파견하여 엄연에게 빨리 항복하라고 했지만 그는 거들떠보지도 않았다. 시간을 끌어 장비의 군사들이 군량이 떨어져 스스로 물러가기를 기다리고 있었던 것이다.

다급해진 장비는 몇 차례 싸움을 걸었지만 엄연은 들은 체도 하지 않았다. 이에 장비는 어느 날 밤 계략을 써서 엄연을 성 밖으로 끌어내 사로잡은 다음에야 겨우 성을 빼앗을 수 있게 되었다. 장비는 단상에 높이 앉아 엄연을 끌어오게 했지만 그는 무릎을 꿇으려 하지 않았다. 장비가 큰 소리로 엄연을 꾸짖었다.

「우리 대군이 여기까지 왔는데 왜 미리 항복하지 않았는가?」

엄연은 낯빛도 흐리지 않고 도도하게 대답하였다.

「이곳에는 단두장군만 있을 뿐 항복하는 장군은 없다!」

화가 머리끝까지 오른 장비는 부하들에게 호통을 쳤다.

장 비

「당장 끌어내다가 참형에 처하라!」

그러자 엄연은 태연하게 서서 말하는 것이었다.

「머리를 자르려면 어서 자를 것이지, 굳이 성까지 낼 건 또한 무엇이냐!」

본래 성격이 호탕한 장수인 장비는 엄연의 굴하지 않는 굳센 기상에 탄복하여 급히 단상에서 내려와 사죄한 뒤 예의를 갖춰 그를 맞았다는 것이다.

❼ 爲善最樂(위선최락) 为善最樂 할 **爲** 착할 **善** 가장 **最** 즐거울 **樂**

《후한서(後漢書)》에 있는 말이다.

태공(太公)이 이르기를, 「선행을 행함이 최고의 즐거움이요, 도리

(이치를 따름)를 다하는 것이 가장 큰 일이다」

❽ 精身一到 (정신일도)

精神一到 정신 **精** 정신 **神** 한 **一** 이를 **到**

한 가지 일에 온 정력을 쏟으면 세상에 안 되는 일이 없다는 말이다. 「정신일도 하사불성(精神一到 何事不成)」이라고 한다.

도를 깨닫고 진리를 탐구하는 일에서부터 기술을 연마하고 놀이를 즐기는 일에 이르기까지, 남이 볼 때 미친 듯한 그런 무엇이 없이 크게 성공한 예는 드물다. 예수도 말하기를, 「겨자씨만한 정성만 있으면 산도 옮길 수 있다」고 했다.

유마거사 상

우리가 말하는, 눈으로 볼 수 있는 이적 같은 것은 실상 그리 대단한 것이 아니다. 《유마경》에 보면, 유마거사는 하늘나라를 좁은 방안으로 삽시간에 끌어내린 일까지 있다고 한다. 다음은 주자의 말이다.

「양기가 발하는 곳에는 쇠와 돌도 또한 뚫어진다. 정신이 한번 이르면 무슨 일이 이뤄지지 않겠는가(陽氣發處 金石亦透 精神一到 何事不成)」라고 했다.

육체로 인한 물욕에 사로잡히지 않은 순수한 마음, 그것이 정신이다.

그것은 위대한 사랑과 지혜와 용기를 가진 것이다. 그 정신으로 올바른 일을 해 나가는데 무엇이 이를 방해할 것이 있겠는가 하는 뜻이다.

양심의 명령에 따라 희생을 돌보지 않고 어떤 사명감에서 일을 하게 되면 없던 지혜와 용기가 솟아나게 되고 남이 느끼지 못하는 즐거움과 보람을 느끼게 된다. 신명이 돕고 하늘이 돕는데 무슨 일인들 이룩되지 않겠는가.

(*여기에 게재된 모든 고사성어는 명문당 간 《컬러판 고사성어대사전》에서 추록한 것이다.)

— 千字文나무 ❻ 끝 —

색인

고사성어가 열리는
천자문 나무 ❻

★

초판 인쇄일 / 2016년 11월 02일
초판 발행일 / 2016년 11월 07일

★

엮은이 / 팬더 컬렉션
펴낸이 / 김동구
펴낸데 / 明文堂
창립 1923. 10. 1
서울특별시 종로구 윤보선길 61(안국동)
우체국 010579-01-000682
☎ (영업) 733-3039, 734-4798
(편집) 733-4748 FAX. 734-9209
H.P. : www.myungmundang.net
e-mail : mmdbook1@hanmail.net
등록 1977. 11. 19. 제 1-148호

★

ISBN 979-11-85704-85-2 04910
ISBN 979-11-85704-48-7 04910 set

★

낙장이나 파본은 구입하신 서점에서 교환해 드립니다.

★

값 12,000원

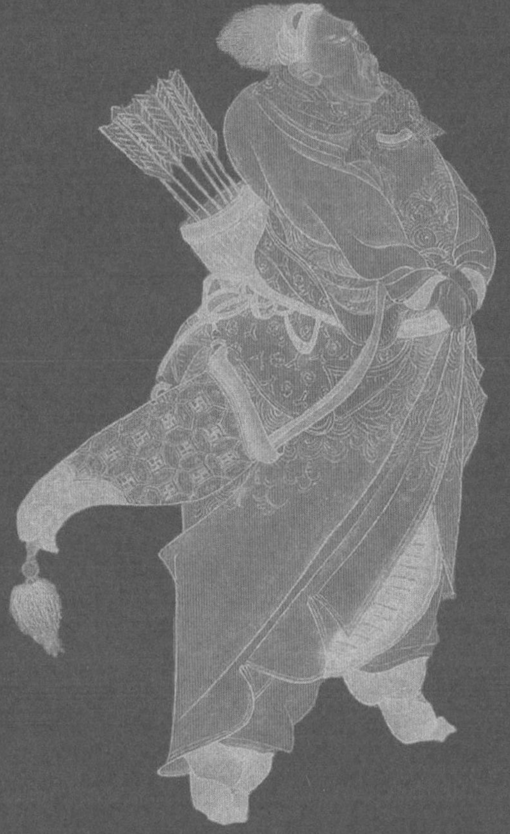

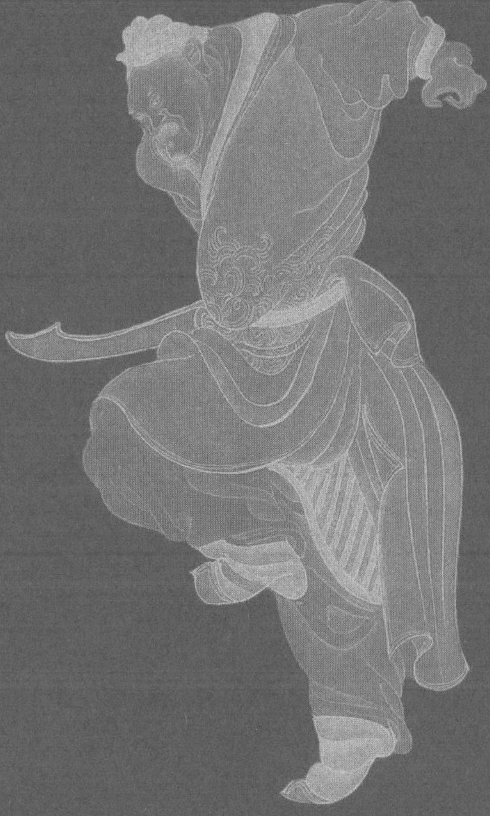